Kærlighed:
Lovens fylde

Kærlighed:
Lovens fylde

Dr. Jaerock Lee

Kærlighed: Lovens fylde af Dr. Jaerock Lee
Udgivet af Urim Books (Repræsentant: Sungnam Vin)
73, Yeouidaebang-ro 22-gil, Dongjak-gu, Seoul, Korea
www.urimbooks.com

Alle rettigheder er reserveret. Denne bog eller dele heraf må ikke reproduceres, lagres eller transmitteres på nogen måde, hverken elektronisk, mekanisk, som kopi eller båndoptagelse uden skriftlig tilladelse fra udgiveren.

Medmindre andet bemærkes er alle citater fra Bibelen, Det Danske Bibleselskab, 1997.

Copyright © 2020 ved Dr. Jaerock Lee
ISBN: 979-11-263-0547-6 03230
Oversættelsescopyright © 2013 ved Dr. Esther K. Chung. Brugt med tilladelse.

Første udgivelse: februar 2020

Tidligere udgivet på koreansk i 2009 af Urim Books i Seoul, Korea

Redigeret af Dr. Geumsun Vin
Design: Redaktionsbureauet ved Urim Books
Tryk: Prione Printing
For yderligere information, kontakt venligst: urimbook@hotmail.com

*"Kærligheden gør ikke næsten noget ondt.
Kærligheden er altså lovens fylde."*

Romerbrevet 13:10

 Forord

I håb om at læserne vil opnå Ny Jerusalem gennem åndelig kærlighed.

Et reklamebureau i Storbritannien udskrev en konkurrence for offentligheden, hvor de spurgte, hvad der var den hurtigste rejsemåde mellem Edinburgh i Skotland og London i England. De udlovede en stor præmie til vinderen. Det svar, som til sidst blev valgt, var: "At rejse med sin elskede." Det er underforstået, at hvis vi rejser sammen med et elsket menneske, vil selv den længste afstand føles kort. Det gælder på samme måde, at hvis vi elsker Gud, så vil det ikke være vanskeligt for os at omsætte hans ord til praksis (Første Johannesbrev 5:3). Gud har ikke givet os loven og sagt, at vi skal overholde hans bud, fordi han er ude på at skabe problemer for os.

Ordet "lov" kommer fra det hebraiske ord "Torah", som betyder "statutter" og "belæringer". Toraen henviser normalt til Pentateuken, Mosebøgerne, som inkluderer de Ti Bud. Men "loven" er også bibelens 66 bøger som helhed, eller Gud belæringer, som fortæller os, hvad vi skal gøre, undlade at gøre, overholde eller skille os af med. Folk kan måske tro, at loven og kærligheden ikke har nogen indbyrdes relation, men de kan rent faktisk slet ikke adskilles. Kærligheden tilhører Gud, og uden kærlighed til Gud kan vi ikke overholde loven fuldt ud. Loven kan kun få fylde, når vi praktiserer den med kærlighed.

Den følgende historie fortæller os om kærlighedens kraft. En ung mand styrtede ned, mens han fløj over ørkenen i et lille fly. Hans far var meget rig, og han hyrede et eftersøgnings-og redningshold til at finde sønnen, men forgæves. Så han lod flere millioner løbesedler bliver spredt ud over ørkenen. Teksten på dem var: "Søn, jeg elsker dig." Sønnen, som vandrede omkring i ørkenen, fandt en af sedlerne, og det opmuntrede ham tilstrækkeligt til, at han kunne holde ud, indtil han blev reddet. Faderens sande kærlighed reddede sønnen. Ligesom denne far spredte løbesedler ud over hele ørkenen, har vi også pligt til at sprede Guds kærlighed ud til de utallige sjæle.

Gud beviste sin kærlighed ved at sende sin enbårne søn Jesus til denne jord for at frelse menneskeheden, som var syndere. Men de lovkyndige på Jesus tid fokuserede kun på lovens formaliteter, og de forstod ikke Guds sande kærlighed. Til sidst fordømte de Guds enbårne søn Jesus som en gudsbespotter, der ville afskaffe loven, og de korsfæstede ham. De forstod ikke Guds kærlighed, som var indlejret i loven.

I Første Korintherbrev kapitel 13 findes der en udførlig forklaring på åndelig kærlighed. Den fortæller os, at Gud sendte sin enbårne søn for at frelse os, selv om vi var bestemt til at dø på grund af vores synder. Herren elskede os i så høj grad, at han forsagede sin himmelske herlighed og døde på korset. Hvis vi vil formidle Guds kærlighed til de utallige døende sjæle i denne verden, må vi forstå denne åndelige kærlighed og praktisere den.

"Et nyt bud giver jeg jer: I skal elske hinanden. Som jeg har elsket jer, skal også I elske hinanden. Deraf skal alle vide, at I er mine disciple: hvis I har

kærlighed til hinanden" (Johannesevangeliet 13:34-35).

Denne bog er nu blevet udgivet, sådan at læserne kan undersøge i hvilken udstrækning, de har kultiveret åndelig kærlighed og i hvilken udstrækning, de har forandret sig med sandheden. Jeg takker Geumsun Vin, direktør for redaktionsbureauet, og alt personalet, og jeg håber at alle læserne vil opfylde loven med kærlighed og dermed komme til Ny Jerusalem, det smukkeste himmelske bosted.

Jaerock Lee

Introduktion

I håb om at læserne gennem Guds sandhed vil blive forandret og udvikle fuldkommen kærlighed.

En TV-kanal gennemførte en rundspørge blandt gifte kvinder. De blev spurgt, om de ville gifte sig med den samme mand igen, hvis de frit kunne vælge. Resultatet var chokerende: Kun 4% af kvinderne ville vælge den samme igen. De må have giftet sig med deres mand, fordi de elskede ham, så hvorfor havde de ændret mening? Det skyldes, at de ikke elskede med åndelig kærlighed. Dette værk *Kærlighed: Lovens fylde* vil belære os om den åndelige kærlighed.

I første del "Betydningen af kærlighed" ses der på forskellige former for kærlighed, som findes mellem mand og kone, forældre og børn, og mellem venner og naboer. Det vil give os en idé om forskellen på kødelig og åndelig kærlighed. Den åndelige kærlighed er at elske et andet menneske med et uforanderligt hjerte og uden at forvente noget til gengæld. Omvendt er den kødelige kærlighed foranderlig alt efter situation og omstændigheder, og derfor er den åndelige kærlighed langt mere dyrebar og smuk.

Anden del "Kærligheden i kærlighedskapitlet" opdeler det Første Korintherbrev kapitel 13 i tre dele. Den første del "Den slags kærlighed som Gud ønsker" (Første Korintherbrev 13:1-3) er introduktionen til kapitlet og lægger vægt på den åndelige kærligheds betydning. Den anden del "Kærlighedens karakteristika" (Første Korintherbrev 13:4-7) udgør hovedparten af kærlighedskapitlet, og den fortæller os om den åndelige kærligheds 15 karakteristika. Den tredje del "Fuldkommen kærlighed" er konklusionen på kærlighedskapitlet. Den lader os vide, at tro og håb er nødvendige rent midlertidigt, mens vi marcherer frem mod himmeriget under vores liv på denne jord, mens kærligheden vil vare evigt i himlens rige.

Tredje del "Kærligheden er lovens fylde" forklarer, hvad det vil sige at opfylde loven med kærlighed. Den formidler Guds kærlighed, som kultiverer os mennesker på denne jord og Kristi kærlighed, som åbnede vejen til frelse for os.

"Kærlighedskapitlet" er kun ét af de i alt 1189 kapitler i Bibelen. Men det er som et skattekort, der viser os, hvor vi skal finde de store skatte, og det forklarer os detaljeret vejen til Ny Jerusalem. Men selv om vi har kortet og kender vejen, så nytter det ikke noget, hvis ikke vi rent faktisk følger den vej, der bliver angivet. Det er nytteløst, hvis ikke vi praktiserer den åndelige kærlighed.

Gud glæder sig over den åndelige kærlighed, og vi kan opnå denne kærlighed i den grad, vi lytter til Guds ord, som er sandheden, og praktiserer den. Når først vi har åndelige kærlighed, kan vi få kærlighed og velsignelser fra Gud, og til sidst komme ind i Ny Jerusalem, som er det smukkeste bosted i himlen. Kærlighed er det endelige formål med at Gud har skabt og kultiveret mennesket. Jeg beder for at alle læserne først og fremmest vil elske Gud, og derefter elske deres næste som sig selv, sådan at de kan få nøglerne til perleporten ved Ny Jerusalem.

Geumsun Vin
Direktør for Redaktionsbureauet

Indholdsfortegnelse — *Kærlighed: Lovens fylde*

Forord · VII

Introduktion · XI

Første del Betydningen af kærlighed

Kapitel 1: Åndelig kærlighed · 2

Kapitel 2: Kødelig kærlighed · 10

Anden del Kærlighed i kærlighedskapitlet

Kapitel 1: Den slags kærlighed, som Gud ønsker · 24

Kapitel 2: Kærlighedens karakteristika · 40

Kapitel 3: Fuldkommen kærlighed · 154

Tredje del Kærligheden er lovens fylde

Kapitel 1: Guds kærlighed · 166

Kapitel 2: Kristi kærlighed · 178

"Hvis I kun elsker dem, der elsker jer,

hvad tak fortjener I for det?

Sådan gør jo også synderne." Lukasevangeliet 6:32

Første del

Betydningen af kærlighed

Kapitel 1 : **Åndelig kærlighed**

Kapitel 2 : **Kødelig kærlighed**

KAPITEL 1 — *Åndelig kærlighed*

Åndelig kærlighed

"Mine kære, lad os elske hinanden,
for kærligheden er af Gud, og enhver,
som elsker, er født af Gud og kender Gud.
Den, der ikke elsker, kender ikke Gud,
for Gud er kærlighed."

Første Johannesbrev 4:7-8

Bare det at høre ordet "kærlighed" får vores hjerter til at banke kraftigt og bringer vores sind i bevægelse. Hvis vi kan elske nogen og opleve den sande kærlighed gennem hele vores tilværelse, vil det være et liv i den ypperste lykke. Vi kan nogle gange høre om mennesker, som overvinder vanskelige og livstruende situationer, og så derefter får vidunderlige liv ved kærlighedens kraft. Kærligheden er nødvendig for at få et lykkeligt liv, for den har kraft til at forandre vores tilværelse.

Online-ordbogen *Merriam-Webster* definerer kærlighed som "stærk hengivenhed for hinanden, som opstår på baggrund af slægtskab eller personlige bånd" eller "hengivenhed baseret på beundring, velvilje eller fælles interesser." Men den form for kærlighed, som Gud taler om, er kærlighed på et højere niveau, det vil sige åndelig kærlighed. Åndelig kærlighed søger andres vinding: Den giver dem glæde, håb og liv, og den er uforanderlig. Desuden er den ikke kun til gavn for os under dette midlertidige, jordiske liv, men fører også sjælene til frelse og giver os det evige liv.

En historie om en kvinde, som førte sin mand til kirken

Der var en kvinde, som første et trofast, kristent liv. Men hendes mand kunne ikke lide, at hun gik i kirke, og gjorde det svært for hende. Til trods for disse vanskeligheder gik hun til bønnemøder ved daggry hver eneste morgen og bad for manden. En dag tog hun sin mands sko med, da hun gik af sted for at bede tidligt om morgenen. Hun holdt skoene ind til sit bryst og bad med tårer: "Gud, i dag er disse sko kommet i kirke, men næste gang lad så også deres ejermand komme med."

Efter at stykke tid skete der noget forbløffende. Manden kom også i kirke. Det skete på følgende måde: På et tidspunkt begyndte manden at mærke, at hans sko var varme, når han tog dem på for at gå på arbejde. Og en dag så han, at hans kone gik af sted med skoene. Han fulgte efter hende og så, at hun gik ind i kirken.

Selv om han blev vred, overvandt nysgerrigheden ham. Han var nødt til at finde ud af, hvad hun lavede med hans sko inde i kirken. Så han fulgte stille efter hende og så, hvordan hun bad med skoende presset tæt ind til brystet. Han hørte hendes bøn, som ord for ord drejede sig om hans velbefindende og velsignelser. Det berørte ham, og han kunne ikke undgå at føle skam over den måde, han havde behandlet hende på. Til sidst blev han bevæget af sin kones kærlighed og han blev snart en hengiven kristen.

De fleste kvinder ville i denne situation have bedt mig om at gå i forbøn for dem. De ville sige: "Jeg har problemer med min mand, fordi jeg går i kirke. Vil du ikke bede for mig, sådan at min mand holder op med at give mig problemer." Men jeg ville svare: "Sørg for at hellige dig hurtigt og komme ind i ånden. Det er den måde, problemet løses på." Jo mere disse kvinder skiller sig af med deres synder og kommer ind i ånden, jo mere åndelig kærlighed kan de give deres mænd. Hvilken ægtemand vil give sin kone problemer, hvis hun ofrer sig for ham og tjener ham af hjertets grund?

Tidligere ville kvinde havde bebrejdet sin mand for problemerne, men nu, hvor hun er blevet forandret af sandheden, kan hun indse, at hun selv var skyld i dem, og det gør hende ydmyg. Så vil det åndelige lys bortdrive mørket, og manden kan også blive forandret. Hvem beder for et andet menneske, som giver dem problemer? Hvem ofre sig for de oversete naboer og giver dem oprigtig kærlighed? Guds børn, som har lært den sande kærlighed af Herren, kan formidle denne kærlighed til andre mennesker.

Uforanderlig kærlighed og venskabet mellem David og Jonatan

Jonatan var søn var Saul, som var den første konge i Israel. Da han så David fælde filistrenes kæmpe Goliat med slynge og sten, vidste han, at David var en kriger, som havde Guds ånd. Jonatan var selv hærfører, og hans hjerte blev grebet af Davids mod. Fra da af elskede han David som sig selv, og de opbyggede sammen et meget stærkt venskabsbånd. Han elskede David så højt, at han ikke sparede på noget, der var til ham.

Da samtalen mellem David og Saul var forbi, tog Saul samme dag David til sig og gav ham ikke lov at vende tilbage til sin fars hus. Jonatan følte sig tæt knyttet til David, og han elskede ham lige så højt som sig selv; han sluttede pagt med David, fordi han elskede ham som sig selv. Jonatan tog den kappe af, han havde på, og gav den til David sammen med sin dragt, ja, selv sit sværd, sin bue og sit bælte (Første Samuelsbog 18:1-4).

Jonatan var arving til tronen, idet han var den ældste søn af kong Saul, så han kunne let have hadet David på grund af hans popularitet i folket. Men Jonatan havde ikke noget ønske om at få titlen som konge. I stedet risikerede han sit eget liv for at redde David, da Saul forsøgte at slå David ihjel for at holde på tronen. Denne kærlighed forblev uforandret indtil døden. Da Jonatan døde i slaget ved Gilboa, sørgede David med gråd, og fastede indtil aften.

> *Jeg sørger over dig, Jonatan, min broder, jeg holdt inderligt af dig. Din kærlighed var mig mere dyrebar end kvinders* (Anden Samuelsbog 1:26).

Efter at David blev konge, fandt han Mefiboshet, Jonatans eneste levende søn, og overlod alle Sauls egendele til ham, mens han tog sig af ham som en søn på paladset (Anden Samuelsbog kapitel 9). Den åndelige kærlighed er på denne måde en uforanderlig kærlighed til et andet menneske gennem hele livet, selv om denne kærlighed ikke er til egen gavn, men til tider til ulempe. Hvis man bare opfører sig pænt overfor andre med håb om at få noget igen, der er ikke tale om sand kærlighed. Åndelig kærlighed er at ofre sig selv og at blive ved med at give til andre helt ubetinget, med oprigtige og rene motiver.

Guds og Herrens uforanderlige kærlighed til os

De fleste mennesker oplever sorger, der knuser deres hjerter, på grund af den kødelige kærlighed i deres liv. Når vi oplever smerter og ensomhed, fordi kærligheden hurtigt forandre sig, er der en, som trøster os og er vores ven. Det er Herren. Han blev foragtet og forsaget af folket, selv om han var uskyldig (Esajas' Bog 53:3), så han forstår vores hjerter. Han forsagede den himmelske herlighed og kom ned til denne jord for at tage lidelsernes vej. Derfor blev han vores sande trøster og ven. Han gav os sand kærlighed, indtil han døde på korset.

Før jeg begyndte at tro på Gud, havde jeg lidt af mange forskellige lidelser, og jeg havde i høj grad oplevet fattigdommens smerte og ensomhed. Efter at jeg havde været syg i syv lange år, var alt, hvad jeg havde tilbage min syge krop, en stadigt stigende gæld, andre menneskers foragt, ensomhed og fortvivlelse. Alle de mennesker, jeg havde stolet på og elsket, havde forladt mig. Men da jeg følte, at jeg var fuldkommen alene i hele universet, var der én, der kom til mig. Det var Gud. Da jeg mødte Gud, blev jeg helbredt for alle mine sygdomme på én gang, og jeg fik et nyt liv.

Den kærlighed, som Gud gav mig, var en gratis gave. Jeg elskede ham ikke først. Han kom til mig og rakte hånden ud mod mig. Da jeg begyndte at læse Bibelen, kunne jeg se, hvordan Gud erklærede sig kærlighed til mig:

> *Glemmer en kvinde sit diende barn? Glemmer en mor det barn, hun fødte? Selv om de skulle glemme, glemmer jeg ikke dig. Se, I mine hænder har jeg tegnet dig, dine mure har jeg altid øje for* (Esajas' Bog 49:15-16).

Derved er Guds kærlighed blevet åbenbaret iblandt

os: At Gud har sendt sin enbårne søn til verden, for at vi skal leve ved ham. Deri består kærligheden: Ikke i at vi har elsket Gud, men i at han har elsket os og sendt sin søn som et sonoffer for vores synder (Første Johannesbrev 4:9-10).

Gud forlod mig ikke, selv om jeg kæmpede med mine lidelser efter at alle havde forladt mig. Da jeg mærkede hans kærlighed, kunne jeg ikke stoppe tårerne fra at vælde ud af mine øjne. Jeg kunne mærke, at Guds kærlighed var sand, på grund af de lidelser, jeg havde gennemgået. Nu er jeg blevet pastor, Guds tjener, for at trøste de mange sjæle og gøre gengæld for den nåde, Gud har givet mig.

Gud er kærligheden selv. Han sendte sin enbårne søn Jesus til denne jord for os, som er syndere. Og han venter på, at vi skal komme til himmeriget, hvor han har skabt utallige smukke og dyrebare ting til os. Vi kan mærke Guds blide og mægtige kærlighed, hvis vi bare åbner vores hjerter en smule.

For hans usynlige væsen, både hans evige kraft og hans guddommelighed, har kunnet ses siden verdens skabelse og kendes på hans gerninger. De har altså ingen undskyldning (Romerbrevet 1:20).

Hvorfor kigger vi ikke bare på den smukke natur? Den blå himmel, det klare hav, og alle de træer og planter, som Gud har lavet til os, sådan at vi her på denne jord kan have håb om himmeriget, indtil vi når frem.

Bølgerne, som berører bredden; stjernerne, som blinker på

himlen i en smuk dans; vandfaldenes brølende torden; og brisen, der passerer os. Fra alle disse ting kan vi mærke Guds åndedrag, som siger: "Jeg elsker dig." Hvilken form for kærlighed skal vi selv udvise, nu da vi er blevet udvalgt som børn af denne kærlige Gud? Vi må have en evig og sand kærlighed, og ikke nogle tomme og meningsløse følelser, som forandrer sig, når situationen ikke længere er til gavn for os.

KAPITEL 2 ~ *Kødelig kærlighed*

Kødelig kærlighed

*"Hvis I kun elsker dem, der elsker jer,
hvad tak fortjener I for det?
Sådan gør jo også synderne."*
Lukasevangeliet 6:32

En mand står foran menneskemængden ved Genesaret Sø. De blå krusninger på søen bag ham ser ud som om, de danser på den milde brise. Alle de tilstedeværende lytter tyst til hans ord. De sidder rundt omkring på en lille bakke, og han fortæller dem i en venlig, men resolut tone, at de skal være verdens lys og salt, og at de skal elske deres fjender.

Hvis I kun elsker dem, der elsker jer, hvad løn kan I så vente? Det gør tolderne også. Og hvis I kun hilser på jeres brødre, hvad særligt gør I så? Det gør hedningene også (Matthæusevangeliet 5:46-47).

Som Jesus sagde, vil de ikke-troende og selv de onde mennesker vise kærlighed mod dem, som er venlige overfor dem og som er til fordel for dem. Det er en falsk kærlighed, som virker god nok udadtil, men er usand indeni. Denne kødelige kærlighed forandres over tid, og den går i stykker på grund af selv små problemer.

Den kødelige kærlighed kan forandres til enhver tid. Hvis situationen forandres eller omstændighederne ændres, vil også den kødelige kærlighed skifte. Folk ændrer ofte deres indstilling alt efter, hvilken fordel de har ud af det. De giver kun, efter at de selv har fået fra andre, eller hvis de regner med, at det kan være til fordel for dem selv. Hvis vi giver og forventer at få det samme igen, eller hvis vi føler os skuffede, når andre ikke giver os noget igen, så skyldes det, at vi kun har kødelig kærlighed.

Kærlighed mellem forældre og børn

Forældrenes kærlighed, som får dem til at blive ved med at give til deres børn, bevæger manges hjerter. Forældrenes synes ikke, at det er hårdt at tage sig af deres børn af al styrke, for de elsker dem. Normalt ønsker forældrene at give deres børn de bedste ting, også selv om det betyder, at de ikke selv er i stand til at spise godt eller have godt tøj. Men der er alligevel et hjørne i forældrenes hjerte, som søger egen vinding, selv om de elsker deres børn.

Hvis de for alvor elsker deres børn, så skal de være i stand til at give dem alt, uden at forvente at få noget igen. Men der er rent faktisk mange forældre, som opdrager deres børn med henblik på egen gavn eller ære. De siger: "Jeg siger det her til dig for din egen skyld", men rent faktisk forsøger de at kontrollere børnene med henblik på at få opfyldt deres egne behov for berømmelse eller rigdom. Når børnene vælger karriere eller bliver gift, kan forældrene modsætte sig valget eller blive skuffede, hvis ikke de er enige i børnenes beslutning. Det viser, at deres hengivenhed og opofrelse for børnene i sidste ende var betinget. De forsøger at få det, de selv vil have gennem børnene, som gengæld for den kærlighed, de har givet dem.

Børnenes kærlighed er normalt langt mindre end forældrenes. Et koreansk ordsprog siger, at hvis forældrene lider under sygdom i lang tid, vil alle børnene forlade dem. Hvis forældrene er syge og gamle, og der ikke er noget håb om, at de kommer sig, vil de børn, som tager sig af dem, i stigende grad føle, at de står i en vanskelig situation. Da de var små børn, sagde de måske: "Jeg vil ikke blive gift, men i stedet fortsætte med at leve sammen med mor og far."

De tror selv, at de vil fortsætte med at leve sammen med deres forældre hele livet. Men når de bliver ældre, bliver de stadig mindre interesserede i forældrene, fordi de har travlt med deres eget liv. Folks hjerter er følelsesløse overfor synden nu om stunder, og ondskaben er så udbredt, at forældre nogle gange slår deres børn ihjel eller omvendt.

Kærligheden mellem mand og kone

Hvad med kærligheden i ægteskabet? Når folk bliver forelskede, siger de søde ord i stil med: "Jeg kan ikke leve uden dig, jeg vil elske dig for evigt." Men hvad sker der, når de bliver gift? Så begynder de at føle modvilje mod ægtefællen og sige: "Jeg kan ikke leve mit liv, som jeg vil, på grund af dig. Du har bedraget mig."

Tidligere erklærede de hinanden deres store kærlighed, men efter at de er blevet gift, taler de ofte om separation eller skilsmisse, fordi de mener, at deres baggrund, uddannelse eller personligheder ikke passer sammen. Hvis maden ikke er så god, som manden synes, den skal være, beklager han sig til sin kone og siger: "Hvad er det for noget? Det kan man da ikke spise!" Og hvis manden ikke tjener penge nok, beklager konen sig og stikker til ham ved at sige: "Min venindes mand er allerede blevet forfremmet til direktør, og jeg kender en anden, som også har fået en ledende stilling. Hvornår mon du bliver forfremmet...? Og vores venner har lige købt et større hus og en ny bil, men hvad med os? Hvornår kan vi mon købe noget bedre?"

Statistikkerne for vold i hjemmet i Korea viser, at der bliver udøvet vold mod ægtefællen i næsten halvdelen af alle ægteskaberne. Så mange gifte par mister deres indledende kærlighed og begynder i stedet at hade hinanden og skændes med hinanden. Nu om dage findes der par, som går fra hinanden allerede under deres bryllupsrejse! Den gennemsnitlige tid fra indgåelse af ægteskab til skilsmisse bliver stadig kortere. Selv om folk tror, at de elsker deres ægtefælle, begynder de at se de negative punkter, når de skal leve sammen. De har forskellige tænkemåder og forskellig smag, og det gør, at de konstant kommer i kollision med hinanden af den ene eller den anden grund. Og i takt med disse konflikter begynder de følelser, som de troede var kærlighed, at køle ned.

Selv om de måske ikke har nogen tydelige problemer med hinanden, vænner de sig til hinanden og de følelser, som i starten bandt dem sammen, forsvinder med tiden. Så begynder de at se sig om efter andre mænd eller kvinder. Manden bliver skuffet over at hans kone ser usoigneret ud om morgenen, og efterhånden som hun bliver ældre og tager på i vægt, synes han ikke længere, at hun er så tiltrækkende. Kærligheden bør bliver dybere med tiden, men i mange tilfælde sker det ikke. Disse forandringer viser, at der var tale om en kødelig kærlighed, som søgte sit eget bedste.

Kærligheden mellem søskende

Søskende er født af samme forældre og opvokset sammen, og de bør derfor være tættere på hinanden end andre mennesker. De kan stole på hinanden i mange forhold, for de har delt mange ting og opbygget stor kærlighed til hinanden. Men nogle søskende har en fornemmelse af indbyrdes konkurrence, og de bliver jaloux på deres brødre og søstre.

De førstefødte kan let føle, at noget af forældrenes kærlighed, som ellers skulle gives til dem selv, tages væk, når der kommer yngre søskende. Det andet barn kan ofte føle, at det er mindreværdigt i forhold til dets storebror eller storesøster. De børn, som både har yngre og ældre søskende, kan måske både føle, at de er mindreværdige i forhold til de ældre, og at det er en byrde at skulle tage hensyn til de yngre. Og måske vil de føle sig som ofre, fordi det er vanskeligt for dem at få forældrenes opmærksomhed. Hvis der ikke for alvor tages hånd om disse følelser i søskendeflokken, er det sandsynligt, at relationerne indbyrdes mellem brødre og søstre vil være vanskelige.

Det første mord i menneskehedens historie skete netop mellem brødre. Det skyldtes, at Kain var jaloux på sin yngre bror Abel, fordi denne fik Guds velsignelse. Siden da har der været kontinuerlige kampe mellem søskende gennem hele den menneskelige historie. Josef blev lagt for had af sine brødre og solgt som slave til Egypten. Davids søn, Absalom, fik en af sine mænd til at dræbe sin egen bror Amnon. I dag er der mange søskende som slås indbyrdes over arven fra deres forældre. De opfører sig som fjender overfor hinanden.

Og selv om det måske ikke går så galt som i det ovenstående tilfælde, vil de holde op med at give deres søskende den samme opmærksomhed som tidligere, når de bliver gift og starter deres egen familie. Jeg var selv det sidste barn ud af seks søskende. Jeg blev elsket højt af mine ældre brødre og søstre, men da jeg lå på sygelejet i syv lange år på grund af forskellige sygdomme, forandrede situationen sig. Jeg blev i stigende grad en tung byrde for dem. De forsøgte i nogen udstrækning at helbrede min sygdom, men da det syntes, at der ikke længere var noget håb, begyndte de at vende ryggen til mig.

Kærlighed mellem naboer

På koreansk er der et udtryk, som betyder "nabo-fætter/kusine." Det betyder, at vores naboer er lige så tæt på os som vores familiemedlemmer. Tidligere, da de fleste mennesker havde landbrug, var naboerne vigtige personer i hverdagen, og man kunne ofte hjælpe hinanden. Men dette bliver mindre og mindre almindeligt. Nu om stunder holder folk deres dør låst og lukket, selv overfor naboerne. Vi bruger endda ofte omfattende sikkerhedssystemer. Folk ved slet ikke, hvem der lever ved siden af dem.

Man tager sig ikke længere af hinanden, og folk har ikke nogen intentioner om at finde ud af, hvem deres naboer er. De tænker kun på sig selv, og på den nærmeste familie. De har heller ikke nogen tillid til andre. Hvis de synes, at deres naboer er skyld i nogen form for ubekvemmelighed, skade eller problem, vil de ikke tøve med at kæmpe mod dem. Nu om stunder er der mange mennesker, som anlægger sag mod deres naboer på grund af ubetydelige problemer. Det er endda sket engang, at et menneske har stukket sin ovenbo ned, fordi denne larmede for meget.

Kærlighed mellem venner

Så hvad med kærligheden mellem venner? Du kan måske tro, at en bestemt ven altid vil være på din side. Men selv de mennesker, som man anser for nære venner, kan bedrage og knuse ens hjerte.

I nogle tilfælde vil et menneske måske bede sin ven om at låne ham en betydelig sum penge eller om at stå garant for ham, fordi han er ved at gå bankerot med sit firma. Hvis vennen siger nej, synes han, at han er blevet bedraget, og måske har han slet ikke lyst til at se den anden igen. Men hvem opfører sig egentlig forkert her?

Hvis man virkelig elsker sine venner, kan man ikke udsætte dem for nogen form for skade. Og hvis man virkelig er ved at gå bankerot, og ens venner står garant, vil disse venner og deres familier helt sikkert lide under situationen. Er det kærlighed at udsætte sine venner for denne risiko? Nej, bestemt ikke. Men i dag sker disse ting ofte. Desuden forbyder Guds ord os at udlåne eller låne penge, samt at stille kaution eller stå garant for nogen. Når vi er ulydige overfor Guds ord, vil der i de fleste tilfælde være tale om Satans gerning, og alle involverede vil blive udsat for problemer.

Min søn, hvis du har stillet sikkerhed for en anden, givet håndslag for en fremmed, da er du bundet at, hvad du har sagt, du er fanget af, hvad du har sagt (Ordsprogenes Bog 6:1-2).

Vær ikke blandt dem, der giver håndslag og stiller sikkerhed for den, der har gæld (Ordsprogenes Bog

22:26).

Nogle mennesker synes, det er klogt at vælge sine venner på baggrund af, hvilken fordel de kan få ud af det. Nu om dage er det rent faktisk vanskeligt at finde et menneske, som vil ofre sin tid, indsats og penge af oprigtig kærlighed til sine naboer eller venner.

Jeg havde mange venner i barndommen. Før jeg begyndte at tro på Gud, anså jeg trofasthed blandt venner som det vigtigste i livet. Jeg troede, at venskaberne ville vare evigt. Men da jeg lå på sygelejet i årevis, indså jeg for alvor, at denne kærlighed mellem venner også kan ændres alt efter, hvad man får ud af den.

Først forsøgte mine venner at finde gode læger eller alternative helbredere, og de bragte mig til dem, men da jeg ikke fik det bedre, forlod de mig en for en. Senere var de eneste venner, jeg havde, de kammerater som jeg drak og spillede sammen med. Selv disse venner kom ikke, fordi de elskede mig, men fordi de havde brug for at sted at være. Med denne kødelige kærlighed siger man, at man elsker hinanden, men det forandrer sig hurtigt.

Hvor ville det være godt, hvis forældre og børn, søskende, venner og naboer ikke søgte deres eget, og ikke forandrede deres indstilling overfor hinanden! Hvis det var tilfældet, kunne de have åndelig kærlighed. Men for de meste har de ikke denne åndelige kærlighed, og de kan ikke finde oprigtig tilfredsstillelse i deres følelser. De søger kærlighed fra deres familie og folk i deres omgivelser. Men i takt med at de gør det, tørster de kun endnu mere efter kærligheden, som om de drak havvand for at slukke tørsten.

Blaise Pascal sagde, at der er et Gud-formet vakuum i ethvert hjerte, som ikke kan fyldes af nogen skabning, men kun af Gud, Skaberen, gennem Jesus. Vi kan ikke føle sand tilfredsstillelse og vi lider under en fornemmelse af meningsløshed, med mindre dette rum fyldes af Guds kærlighed. Så betyder det, at der ikke er nogen uforanderlig åndelig kærlighed i denne verden? Nej, det gør det ikke. Den er ganske vist ikke almindelig, men den åndelige kærlighed eksisterer. Første Korintherbrev kapitel 13 fortæller os klart og tydeligt om denne sande kærlighed.

> *Kærligheden er tålmodig, kærligheden er mild, den misunder ikke, kærligheden praler ikke, bilder sig ikke noget ind. Den gør intet usømmeligt, søger ikke sit eget, hidser sig ikke op, bærer ikke nag. Den finder ikke sin glæde i uretten, men glæder sig ved sandheden. Den tåler alt, tror alt, håber alt, udholder alt* (Første Korintherbrev 13:4-7).

Gud kalder denne form for kærlighed for åndelige og sand. Hvis vi kender Guds kærlighed og bliver forandret af sandheden, kan vi have åndelig kærlighed. Så lad os opnå denne åndelige kærlighed, hvormed vi kan elske hinanden af hjertets grund med en uforanderlig indstilling, selv om det ikke er til egen gavn eller måske ligefrem giver os problemer.

Metoder til undersøgelse af åndelig kærlighed

Der er mennesker, som fejlagtigt tror, at de elsker Gud. For at undersøge i hvilken udstrækning, vi har kultiveret den sande åndelige kærlighed og elsker Gud, kan vi undersøge de følelser og handlinger, vi har, når vi gennemgår raffinerende prøver, trængsler og vanskeligheder. Vi kan undersøge i hvilken udstrækning, vi har kultiveret den sande kærlighed ved at se på, om vi glæder os og er taknemmelige af hjertets grund, og om vi konstant følger Guds vilje.

Hvis vi brokker os af har modvilje overfor situationen, og hvis vi søger verdslige metoder og sætter vores lid til andre mennesker, så betyder det, at vi ikke har åndelig kærlighed. Det beviser, at vores viden om Gud er rent intellektuel, og at vi ikke har taget den til os og kultiveret den i vores hjerter. Ligesom falske pengesedler ligner rigtige penge, men rent faktisk kun har samme værdi som det papir, de er trykt på, er den kærlighed, som har grund i intellektet, ikke ægte kærlighed. Den har ikke nogen værdi. Hvis vores kærlighed til Herren er uforanderlig, og hvis vi sætter vores lid til Gud i enhver situation og under enhver vanskelighed, så kan vi sige, at vi har kultiveret den sande kærlighed, som er åndelig.

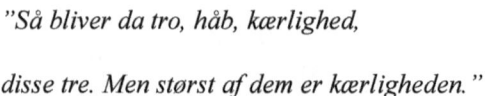

"Så bliver da tro, håb, kærlighed,

disse tre. Men størst af dem er kærligheden."

Første Korintherbrev 13:13

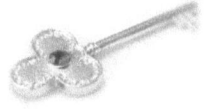

Anden del

Kærlighed i kærlighedskapitlet

Kapitel 1 : Den slags kærlighed, som Gud ønsker

Kapitel 2 : Kærlighedens karakteristika

Kapitel 3 : Fuldkommen kærlighed

KAPITEL 1 ~ *Den slags kærlighed, som Gud ønsker*

Den slags kærlighed, som Gud ønsker

"Om jeg så taler med menneskers og engles tunger,
men ikke har kærlighed,
er jeg et rungende malm og en klingende bjælde.
Og om jeg så har profetisk gave
og kender alle hemmeligheder og ejer al kundskab og har al tro,
så jeg kan flytte bjerge, men ikke har kærlighed, er jeg intet.
Og om jeg så uddeler alt, hvad jeg ejer,
og giver mit legeme hen til at brændes,
men ikke har kærlighed, gavner det mig intet."
Første Korintherbrev 13:1-3

Det følgende er en hændelse, som fandt sted på et børnehjem i Sydafrika. Børnene blev syge en for en, deres tilstand forværredes og antallet af syge børn steg. Men der kunne ikke findes nogen specifik årsag til deres sygdom. Børnehjemmet bad nogle berømte læger om at stille en diagnose. Efter en grundig undersøgelse sagde lægerne: "Når børnene er vågne skal de have kram i ti minutter, og de skal have at vide, at de er elskede."

Til stor overraskelse for de ansatte på børnehjemmet begyndte denne sygdom uden årsag at forsvinde. Det skyldtes, at det, børnene havde behov for mere end noget andet, var kærlighedens varme. Selv om vi ikke behøver bekymre os omkring vores økonomi og vi lever i overflod, kan vi hverken have håb for livet eller vilje til at leve, hvis ikke vi har kærlighed. Kærligheden er dermed den vigtigste faktor i vores tilværelse.

Betydningen af åndelig kærlighed

I det trettende kapitel af Første Korintherbrev, som også kaldes kærlighedskapitlet, lægges der først vægt på betydningen af kærlighed, inden den åndelige kærlighed for alvor forklares i detaljer. Det skyldes, at om vi taler med menneskers og engles tunger, men ikke har kærlighed, er vi kun rungende malm og klingende bjælder.

Menneskers tunger henviser ikke til at tale i tunger, som er en af Helligåndens gaver. Det henviser i stedet til alle menneskelige sprog på denne jord, såsom engelsk, japansk, fransk, russisk, osv. Civilisation og viden bliver systematiseret og overleveret til kommende generationer gennem sprog, så vi kan forstå, at sprogets kraft er stor. Med sprog kan vi også udtrykke og formidle vores følelser og tanker, sådan at vi måske kan overtale andre eller berøre deres hjerter. Menneskers tunger har kraft til at bevæge folk og opnå store ting.

Engles tunger henviser til smukke ord. Engle er åndelige væsener, og de repræsenterer skønhed. Når folk taler med smukke ord og har en smuk stemme, kan andre beskrive dem som "engleagtige". Men Gud siger, at selv menneskers veltalenhed og smukke engleagtige ord kun er rungende malm og klingende klokker, hvis ikke de har kærlighed (Første Korintherbrev 13:1).

Rent faktisk vil et tungt, solidt stykke stål eller kobber ikke give en høj lyd, når man slår på det. Hvis et stykke kobber giver et høj lyd, betyder det, at det er hult inden i, eller at det er tyndt og let. Bjælder laver høje lyde, fordi de laves af tynde stykker metal. Det samme gælder for mennesker. Vi har kun en værdi, der kan sammenlignes med et aks fuldt af hvede, når vi bliver sande børn af Gud ved at fylde vores hjerter med hans kærlighed. Omvendt er de mennesker, som ikke har kærlighed, ligesom tomme avner. Hvorfor er det sådan?

I Første Johannesbrev 4:7-8 står der: *"Mine kære, lad os elske hinanden, for kærligheden er af Gud, og enhver, som elsker, er født af Gud og kender Gud. Den, der ikke elsker, kender ikke Gud, for Gud er kærlighed."* De, som ikke har kærlighed, har ikke noget med Gud at gøre, og de er ligesom avner uden korn.

Sådanne menneskers ord har ikke nogen værdi, selv om de er vellydende og smukke, for de kan ikke give andre sand kærlighed eller liv. De skaber i stedet ubehag hos andre ligesom et larmende stykke malm eller en klingende bjælde, for de er lette og tomme indeni. Omvendt vil de ord, som indeholder kærlighed, have en forbløffende kraft til at give liv. Vi kan se beviset for dette i Jesu tilværelse.

Betydningsfuld kærlighed giver liv

En dag, hvor Jesus underviste i templet, bragte de skriftkloge og farisæerne en kvinde frem for ham. Hun var blevet taget på fersk gerning i ægteskabsbrud. Der var ikke så meget som antydningen af medfølelse i øjnene på de skriftkloge og farisæerne, da de bragte kvinden derhen.

Så sagde de til Jesus: *"Mester, denne kvinde er blevet grebet på fersk gerning i ægteskabsbrud, og i loven har Moses påbudt os at stene den slags kvinder; hvad siger du?"* (Johannesevangeliet 8:4-5).

Loven i Israel er Guds ord. Det siger, at ægteskabsbrydere skal stenes til døde. Hvis Jesus havde sagt, at de skulle stene hende i overensstemmelse med loven, ville han havde modsagt sig selv, for han belærte folk om at elske selv deres fjender. Hvis han havde sagt, at de skulle tilgive hende, ville det have været en klar overtrædelse af loven. Det ville have været i modstrid med Guds ord.

De skriftkloge og farisæerne var stolte af sig selv og tænkte, at nu havde de muligheden for at finde fejl hos Jesus. Da Jesus kendte deres hjerter, bøjede han sig ned og skrev noget på jorden med fingeren. Så rejste han sig og sagde: *"Den af jer, der er uden synd, skal kaste den første sten på hende"* (Johannesevangeliet 8:7).

Da Jesus igen bøjede sig og skrev på jorden med fingeren, forlod folk stedet en efter en, og til sidst var der kun kvinden og Jesus tilbage. Jesus frelste denne kvindes liv uden at bryde loven.

Udadtil var det, som de skriftkloge og farisæerne sagde, ikke forkert, for de gentog ganske enkelt Guds lov. Men baggrunden for deres ord var en helt anden end Jesu. De forsøgte at straffe andre, mens Jesus forsøgte at frelse sjælene.

Hvis vi har samme hjerte som Jesus, vil vi bede med tanke på hvilke ord, der kan give andre styrke og føre dem til sandheden. Vi vil forsøge at give liv med de ord, vi siger. Nogle mennesker forsøger at overtale andre med Guds ord, og andre forsøger at korrigere folks adfærd ved at påpege deres fejl og mangler. Selv om deres ord er korrekte, kan de ikke skabe forandring i andre eller give dem liv, så længe de taler uden kærlighed.

Derfor bør vi altid undersøge os selv for at se, om vi taler med vores egen selvretfærdighed og egne tankebygninger, eller om vores ord tales med kærlighed for at give andre liv. Det drejer sig ikke om veltalenhed, men om at ordene skal indeholde åndelig kærlighed for at blive livets vand, som slukker sjælenes tørst, og en dyrebar juvel, som giver de lidende sjæle glæde og trøst.

Kærlighed med selvopofrende gerninger

Generelt henviser ordet "profeti" til at tale om fremtidige hændelser. I bibelsk betydning er det at få Guds hjerte ved

Helligåndens inspiration med henblik på et særligt formål og en bestemt fremtidig hændelse. Det er ikke muligt at profetere alene med menneskelige vilje. I Andet Petersbrev 1:21 står der: *"For ingen profeti har nogensinde lydt i kraft af et menneskes vilje, men drevet af Helligånden har mennesker sagt det, der kom fra Gud."* Profetiens gave gives ikke tilfældigt til alle og enhver. Gud giver ikke denne gave til et menneske, som ikke er blevet helligt, for så kan vedkommende blive arrogant.

Profetiens gave, som omtales i kærlighedskapitlet, er ikke en gave, som gives til nogle få, udvalgte personer. Det betyder derimod at alle, som tror på Jesus Kristus og hviler i sandheden, kan forudse fremtiden. Når Herren kommer tilbage i luften, vil de frelste nemlig blive løftet op i luften og deltage i den syv år lange bryllupsfest, hvorimod de, som ikke er frelst, vil lide under den syv år lange Trængsel på denne jord og falde ned i helvede efter dommen fra den store hvide trone. Men selv om alle Guds børn har profetiens gave i denne forstand, nemlig at kunne forudse fremtidige begivenheder, så er det ikke dem alle, der har åndelig kærlighed. Og har de ikke det, vil de ændre deres indstilling alt efter deres egen fordel, og derfor vil profetiens gave ikke være til gavn for dem. Denne gave kan ikke gå forud for kærligheden eller overgå den.

Den hemmelighed, der henvises til, er den, som er blevet skjult før tidens begyndelse, det vil sige korsets ord (Første Korintherbrev 1:18). Ordet fra korset er forsynet for den menneskelige frelse, som Gud planlagde i sit overherredømme før tidens begyndelse. Gud vidste, at mennesket ville synde og falde ind på dødens vej. Derfor forberedte han allerede før tidens begyndelse Jesus Kristus, som ville blive Frelseren. Indtil dette forsyn blev gennemført, holdt Gud det hemmeligt. Hvorfor gjorde han det? Hvis vejen til frelse havde været kendt, ville den ikke kunne være blevet gennemført, for den fjendtlige djævel og Satan ville have forhindret det (Første Korintherbrev 2:6-8). Den fjendtlige djævel og Satan troede, at de for evigt ville være i stand til at beholde den autoritet, de havde fået af Adam, hvis de slog Jesus ihjel. Men vejen til frelse blev åbnet netop fordi de opildnede de onde menneske til at dræbe Jesus! Så selv om vi har viden om de store hemmeligheder, vil det ikke gavne os, hvis ikke vi også har åndelig kærlighed.

Det samme gælder for kundskab. Udtrykket "al kundskab" henviser ikke til akademisk viden i denne sammenhæng. Det henviser derimod til Guds kundskab og sandheden, som den fremgår af Bibelens 66 bøger. Når vi begynder at få viden om Gud gennem Bibelen, bør vi også møde ham og opleve ham direkte, sådan at vi tror på ham af hjertets grund. Ellers vil kundskaben om Guds ord blive ren intellektuel viden i vores hoveder. Vi kan måske endda bruge denne viden på en uheldig måde, for eksempel til at dømme og fordømme andre. Derfor vil det ikke gavne os at have kundskab, hvis ikke vi har åndelig kærlighed.

Hvad hvis vi har så stor tro, at det er muligt at flytte bjerge? Stor tro er ikke nødvendigvis det samme som stor kærlighed. Så hvorfor passer mængden af tro og kærlighed ikke til hinanden? Troen kan vokse ved at man ser Guds tegn, undere eller gerninger. Peter så Jesus manifesterer mange tegn og gerninger, og derfor var han i stand til at gå på vandet et øjeblik, da Jesus gjorde det. Men på daværende tidspunkt havde Peter ikke åndelig kærlighed, for han havde endnu ikke modtaget Helligånden. Han havde heller ikke omskåret sit hjerte ved at skille sig af med synderne. Så da han blev truet på livet, fornægtede han Jesus tre gange.

Vi kan forstå, hvordan vores tro vokser gennem vores oplevelser, men den åndelige kærlighed kommer kun ind i vores hjerter, når vi anstrenger os, hengiver os og ofrer os for at skille os af med synderne. Men det betyder ikke, at der ikke er en nær forbindelse mellem åndelig kærlighed og tro. Vi kan kun forsøge at skille os af med synden og elske Gud og sjælene, fordi vi har tro. Men uden de gerninger, som efterligner Herren og kultiverer den sande kærlighed, vil vores arbejde for Guds rige ikke have noget med Gud at gøre, uanset hvor trofaste vi end forsøger at være. Så vil det være, som Jesus sagde: *"Og da vil jeg sige til dem, som det er: Jeg har aldrig kendt jer. Bort fra mig, I som begår lovbrud"* (Matthæusevangeliet 7:23).

Kærlighed som giver himmelske belønninger

Hen mod slutningen af året er der som regel mange organisationer og individer, som donerer penge til TV-stationer og aviser for at hjælpe de nødlidende. Men hvad nu hvis deres navne ikke blev offentliggjort? Så ville der sandsynligvis ikke komme ret mange donationer fra hverken organisationer eller enkeltpersoner.

Jesus sagde i Matthæusevangeliet 6:1-2: *"Pas på, at I ikke viser jeres retfærdighed for øjnene af mennesker for at blive set af dem, for så får I ingen løn hos jeres fader, som er i himlene. Når du giver almisser, så lad ikke blæse i basun for dig, som hyklerne gør det i synagoger og på gader for at prises af mennesker. Sandelig siger jeg jer: De har fået deres løn."* Hvis vi hjælper andre med henblik på at blive beundret af vores medmennesker, vil vi måske opnå ære i et kort øjeblik, men vi vil ikke få nogen belønning af Gud.

Disse donationer gives med henblik på selvtilfredsstillelse eller for at prale af det. Hvis et menneske udfører godgørende arbejde som en ren formalitet, vil han føle sig stadig mere opløftet i takt med at folk roser ham. Og hvis Gud velsigner et sådant menneske, vil han tro, at han handler korrekt i Guds øjne. Så vil han ikke omskære sit hjerte, og det vil være skadeligt for ham. Hvis man gør godgørende arbejde med kærlighed til næsten, vil man ikke interessere sig for, om andre mennesker anerkender det eller ej. Det skyldes, at man tror på at Gud Fader, som ser det, man gør i al hemmelighed, vil belønne det (Matthæusevangeliet 6:3-4).

Godgørende arbejde i Herre er ikke kun at dække andres basale behov såsom tøj, mad og husly. Det er også at give andre åndelig føde med henblik på at frelse deres sjæl. I dag er der mange mennesker, som uanset om de er troende eller ej siger, at kirkens rolle er at hjælpe de syge, udstødte og fattige. Det er naturligvis ikke forkert, men kirkens vigtigste opgave er at prædike budskabet og at frelse sjælene, sådan at de kan opnå åndelig fred. Og det egentlige mål med det godgørende arbejde er det samme.

Så når vi hjælper andre, er det vigtigt at gøre det ordentligt ved at lade os vejlede af Helligånden. Hvis hjælpen ikke gives på passende vis, kan det måske få visse af de personer, som modtager hjælpen, til at rykke sig endnu længere bort fra Gud. I værste tilfælde kan det måske endda drive dem ind på dødens vej. Hvis vi for eksempel hjælper dem, som er blevet fattige på grund af druk eller spil, eller dem som har problemer, fordi de har modsat sig Guds vilje, så kan hjælpen føre dem endnu videre på den forkerte vej, som de allerede er inde på. Det betyder naturligvis ikke, at vi ikke må hjælpe de ikke-troende. Men vi skal gøre det ved at formidle Guds kærlighed til dem. Vi må ikke glemme, at hovedformålet med det godgørende arbejde er at udbrede budskabet.

Hvis der er tale om nye troende, som kun har svag tro, er det afgørende, at vi styrker dem, indtil deres tro vokser. Til tider sker det selv for folk, som har tro, at de får sygdomme og lidelser, eller kommer ud for ulykker, som hindrer dem i at tjene til eget underhold. Der er også ældre medborgere, som bor alene, eller børn som må forsørge sig selv i forældrenes fravær. Disse mennesker kan have desperate behov for godgørende gerninger. Hvis vi hjælper de mennesker, som rent faktisk lider nød, vil Gud lade vores sjæl trives og lade alt gå godt for os.

I Apostlenes Gerninger kapitel 10 læser vi om Cornelius, som blev velsignet. Han frygtede Gud og hjalp i høj grad det jødiske folk. Han var officer og rangerede højt i den militærafdeling, som regerede over Israel. Det må have været vanskeligt for han at hjælpe den lokale befolkning i denne situation. Jøderne må have været mistroiske omkring det, han foretog sig, og hans kolleger må også have kritiseret ham. Men da han frygtede Gud, afholdt han sig ikke fra at gøre gode gerninger og give almisser. Gud så alle hans gerninger, og han sendte Peter til hans hus, sådan at ikke kun hans nærmeste familie, men også alle andre i husholdningen fik Helligånden og frelsen.

Ikke kun de godgørende gerninger, men også offergaverne til Gud skal gives med åndelig kærlighed. I Markusevangeliet kapitel 12 læser vi om en enke, som blev rost af Jesus, fordi hun gav en offergave af hjertets grund. Hun gav to kobbermønter, som var alt, hvad hun ejede. Så hvorfor roste Jesus hende? I Matthæusevangeliet 6:21 står der: *"For hvor din skat er, dér vil også dit hjerte være."* Da enken gav alt, hvad hun ejede og havde, betød det, at hun gav hele sit hjerte til Gud. Det var et udtryk for hendes kærlighed. Hvis omvendt offergaverne gives modvilligt eller med bevidsthed om andre menneskers indstilling og holdning, så vil de ikke behage Gud. Så sådanne offergaver er ikke til nogen gavn for giveren.

Lad os nu tale om selvopofrelse. At "give mit legeme hen til at brændes" betyder her at ofre sig selv fuldkommen. Normalt gives ofre af kærlighed, men de kan godt gives uden. Så hvad er de ofre, der gives uden kærlighed?

Når man beklager sig over forskellige ting efter at have udført Guds arbejde, så er det et eksempel på et offer uden kærlighed. Det kan være, at man har brugt al sin kraft, tid og penge på Guds gerninger, men ingen anerkender det eller roser det, og man så bliver trist eller begynder at beklage sig over det. Det kan også være, at man betragter sine medarbejdere og tænker, at de ikke er så ihærdige som en selv, til trods for at de siger, de elsker Gud og Herren. Man kan måske endda tænke for sig selv, at de er dovne. Men i bund og grund er der tale om, at man dømmer og fordømmer dem. Denne holdning viser, at man har et hemmeligt ønske om, at andre skal for øje på ens bedrifter og rose dem, sådan at man kan prale af sin trofasthed. Denne form for ofring kan bryde freden mellem mennesker og give Gud stor sorg. Derfor er et offer uden kærlighed ikke til nogen nytte.

Man beklager sig måske ikke udadtil med ord. Men hvis ingen anerkender det trofast arbejde, man udfører, kan man miste modet og tro, at man ikke duer, og ens iver for Herren kan køle ned. Hvis nogen påpeger fejl eller svage punkter i det arbejde, man har udført af al styrke, og hvor man i høj grad har ofret sig, kan man miste modet og bebrejde dem, som er kritiske. Eller hvis nogen bærer mere frugt end en selv, og bliver rost af andre, så kan man blive jaloux og misundelig på vedkommende. I disse tilfælde kan man ikke opnå sand glæde indeni uanset hvor trofast og indtrængende, man har arbejdet. Man kan måske endda ende med at opgive sine pligter.

Der kan også være nogen, som kun er ihærdige, når andre ser det. Når de ikke længere bliver set og lagt mærke til, bliver de dovne og udfører deres arbejde på tilfældig og uordentlig vis. I stedet for at gøre det arbejde, som ikke kan ses udadtil, vil de vælge at udføre de gerninger, som er meget synlige for andre. Det skyldes deres ønske om at vise deres værd for deres overordnede og andre, og opnå ros.

Så hvis folk har tro, hvordan kan de så ofre sig uden kærlighed? Det skyldes, at de mangler åndelig kærlighed. De mangler en fornemmelse af ejerskab som fortæller dem, at det, som er Guds, er deres, og det, som er deres, er Guds.

Lad os for eksempel sammenligne med en situation, hvor en bonde arbejder på sin egen mark, og en anden arbejder på andres marker og får løn for arbejdet. Den bonde, der arbejder på egen mark, slider beredvilligt i et fra tidlig morgen til sen aften. Han springer ikke nogen af sine opgaver over, og han udfører alt arbejdet ordentligt. Men når en lønnet bonde arbejder på en mark, som tilhører et andet menneske, bruger han ikke al sin energi på arbejdet, men tænker i stedet på, hvornår solen går ned, sådan at han kan få sin løn og gå hjem. Det samme gælder for Guds rige. Hvis folk ikke elsker Gud at hjertets grund, vil de arbejde overfladisk for ham ligesom en lønnet medhjælp, som kun tænker på sin løn. De vil beklage sig og brokke sig, hvis de ikke får den belønning, de regner med.

Derfor står der i Kolossenserbrevet 3:23-24: *"Hvad I end gør, gør det at hjertet – for Herren og ikke for mennesker. I ved jo, at I af Herren skal få jeres arv til gengæld. Tjen Kristus, vor Herre."* Hvis man hjælper andre og ofrer sig uden åndelig kærlighed, har det ikke noget med Gud at gøre, og det betyder, at man ikke vil blive belønnet i himlen (Matthæusevangeliet 6:2).

Hvis vi vil ofre med et sandt hjerte, må vi først have åndelig kærlighed. Når hjertet er fuldt af sand kærlighed, kan vi fortsat hengive vores liv til Herren med alt, hvad vi har, uanset om andre anerkender det eller ej. Ligesom et lys, der blive tændt og skinner i mørket, kan vi give alt, hvad vi har. I det gamle testamente ser vi, at når datidens præster dræbte et dyr for at give det til Gud som sonoffer, så hældte de dets blod ud på ilden ved alteret og brændte dyrets fedt. Vor Herre Jesus udgød alt sit blod og vand ligesom et dyr, der blev givet som sonoffer, for at forløse hele menneskeheden fra synden. Han viste os et eksempel på det sande offer.

Hvorfor har hans offer været så effektivt at alle sjælene har opnået frelse? Det skyldes, at det blev foretaget med fuldkommen kærlighed. Jesus fuldførte Guds vilje i den grad at han ofrede sit liv. Han gik i forbøn for sjælene selv i korsfæstelsens sidste øjeblik (Lukasevangeliet 23:34). For dette sande offer ophøjede Gud ham og gav ham den mest ærefulde position i himlen.

I Filipperbrevet 2:9-10 står der: *"Derfor har Gud højt ophøjet ham og skænket ham navnet over alle navne, for at i Jesu navn hvert knæ skal bøje sig, i himlen og på jorden og under jorden."*

Hvis vi skiller os af med vores grådighed og urene lyster, og ofrer os med rene hjerter ligesom Jesus, vil Gud ophøje os og føre os til højere positioner. Vor Herre lover i Matthæusevangeliet 5:8: *"Salige er de rene af hjertet, for de skal se Gud."* Så vi vil få den velsignelse at være i stand til at se Gud ansigt til ansigt.

Kærlighed hinsides retfærdighed

Pastor Yang Won Sohn bliver kaldt "kærlighedens atombombe." Han var i sig selv et eksempel på ofrer med sand kærlighed. Han tog sig af de spedalske af al styrke, men blev fængslet for at nægte at tilbede de japanske krigsaltre under den japanske besættelse af Korea. Til trods for hans hengivne arbejde for Gud, blev han udsat for chokerende hændelser. I oktober 1948 blev to af hans sønner dræbt af venstreorienterede soldater i et oprør mod den daværende regering.

Almindelige mennesker ville nok have klaget sig og sagt: "Hvis Gud lever, hvordan kan han så gøre dette mod mig?" Men pastoren var kun taknemmelig for at hans to sønner var blevet martyrer og var komme til himlen ved Herrens side. Desuden tilgav han den oprører, som havde dræbt hans sønner, og han adopterede ham som sin søn. Han takkede Gud for ni aspekter ved sønnernes begravelse, og denne takketale berørte mange mennesker dybt.

"For det første vil jeg takke for, at mine sønner er blevet martyrer, selv om de er født i min slægt, for jeg er selv fuld af synd.

For det andet vil jeg takke Gud for at disse dyrebare mennesker blev en del af netop min familie, blandt så mange andre troende familier.

For det tredje takker jeg for at både min ældste og min næstældste søn var hellige. Det er det smukkeste, der er sket for mine tre sønner og tre døtre.

For det fjerde er det vanskeligt at have bare én søn, som bliver martyr, men jeg har hele to, og det takker jeg for.

For det femte er det en velsignelse at få i fred med tro på Herre Jesus, og jeg takker for, at de har fået martyriets ære ved at være blevet skudt og dræbt, mens de prædikede budskabet.

For det sjette forberedte de sig begge til at tage til USA for at studere. Nu er de kommet i himmeriget, som er et langt bedre sted end USA. Det er jeg lettet og taknemmelig over.

For det syvende takker jeg Gud, som har gjort det muligt for mig at adoptere den fjende, som slog mine sønner ihjel.

For det ottende er jeg taknemmelig, for jeg tror på, at mine to sønners martyrium vil bære frugt i overflod i himmeriget.

For det niende vil jeg takke Gud, som har gjort mig i stand til at indse hans kærlighed, sådan at jeg kan glæde mig selv i denne vanskelige situation."

Pastor Yang Won Sohn flygtede ikke under krigen i Korea, men blev i stedet hvor han var for at tage sig af de syge. Til sidst blev han gjort til martyr af de kommunistiske soldater. Han tog sig af de syge, som var blevet fuldkommen ignoreret af alle andre, og han behandlede den fjende, som havde dræbt hans sønner, men godhed. Han var kun i stand til at ofre sig på denne måde, fordi han var fuld af kærlighed til Gud og sjælene.

I Kolossenserbrevet 3:14 siger Gud: *"Men over alt dette skal I iføre jer kærligheden, som er fuldkommenhedens bånd."* Selv om vi taler med smukke ord ligesom englene, kan profetere, har tro til at flytte bjerge og ofrer os for de nødlidende, så er alle disse gerninger ufuldkomne i Guds øjne, hvis ikke de bliver udført med sand kærlighed. Lad os nu se nærmere på betydningen af den sande kærlighed, for at komme ind i Guds endeløse kærligheds dimension.

Kærlighedens karakteristika

"Kærligheden er tålmodig, kærligheden er mild,
den misunder ikke, kærligheden praler ikke,
bilder sig ikke noget ind.
Den gør intet usømmeligt, søger ikke sit eget, hidser sig ikke op,
bærer ikke nag. Den finder ikke sin glæde i uretten,
men glæder sig ved sandheden.
Den tåler alt, tror alt, håber alt, udholder alt."

Første Korintherbrev 13:4-7

I Matthæusevangeliet 24 finder vi en scene, hvor Jesus med beklagelse ser på Jerusalem og han ved, at hans time er nær. Han skulle hænges på korset i Guds forsyn, men når han tænkte på den ulykke, der ville komme over jøderne og Jerusalem, kunne han ikke undlade at føle sorg. Disciplene undrede sig og spurgte: *"Sig os, hvornår det ske, og hvad vil være tegnet på dit komme og verdens ende?"*

Så Jesus fortalte dem om mange forskellige tegn og han sagde beklagende, at kærligheden ville blive kold: *"Og fordi lovløsheden tager overhånd, skal kærligheden blive kold hos de fleste"* (vers 12).

Nu om dage kan vi tydeligt mærke, at folks kærlighed er blevet kold. Mange mennesker søger kærlighed, men de kender ikke den sande, åndelige kærlighed. Vi kan ikke opnå sand kærlighed, bare fordi vi ønsker det. Men vi kan begynde at gøre os fortjent til den, når Guds kærlighed kommer ind i vores hjerter. Så kan vi begynde at forstå, hvad den er, og gå i gang med at skille os af med ondskaben i vores hjerter.

I Romerbrevet 5:5 står der: *"Og det håb gør ikke til skamme, for Guds kærlighed er udgydt i vore hjerter ved Helligånden, som er givet os."* Som sagt kan vi mærke Guds kærlighed gennem Helligånden i vores hjerter.

Gud fortæller os om de særlige karakteristika ved åndelig kærlighed i Første Korintherbrev 13:4-7. Guds børn skal lære disse ting og praktisere dem, sådan at de kan blive kærlighedens budbringere og lade folk mærke den åndelige kærlighed.

1. Kærligheden er tålmodig

Hvis man mangler tålmodighed, som er et af den åndelige kærligheds karakteristika, kan man let få andre til at miste modet. Lad os antage, at en overordnet givet et bestemt arbejde til en person, og at vedkommende ikke udfører jobbet ordentligt. Så vil den overordnede hurtigt give arbejdet til en anden, som kan afslutte det. Men den person, som først fik jobbet, kan måske blive fortvivlet over ikke at have fået en mulighed for at rette op på sine fejl. Gud har angivet "tålmodighed" som det første karakteristika ved åndelig kærlighed, fordi det er et helt grundlæggende aspekt. Hvis vi har kærlighed, er det ikke kedeligt at vente.

Når først vi indser Guds kærlighed, forsøger vi at dele den med folk omkring os. Til tider, når vi forsøger at elske andre på denne måde, får vi negative reaktioner fra folk, og det kan knuse vores hjerte eller give os tab og skade. Så vil disse mennesker ikke længere forekomme elskelige, og vi vil have svært ved at forstå dem. Hvis vi vil have åndelig kærlighed, må vi være tålmodige med disse mennesker. Selv om de bagtaler os, hader os eller forsøger at give os vanskeligheder uden grund, må vi kontrollere vores sind for at være tålmodelige og elske dem.

Et medlem af kirken bad mig om at gå i forbøn for hans kones depression. Han fortalte også, at han selv var en drukkenbolt, og når først han kom i gang med at drikke, så blev han et fuldkommen anderledes menneske, og han kunne finde på at være hård mod sine familie. Hans kone var ikke desto mindre altid tålmodig overfor ham og forsøgte at dække over hans fejl med kærlighed. Men hans vaner forandrede sig ikke, og med tiden var han blevet alkoholiker. Hans kone havde mistet livsgnisten og var blevet overvundet af depression.

Denne mand havde givet sin familie mange problemer på grund af sit druk, men han kom alligevel for at bede om min forbøn, fordi han stadig elskede sin kone. Da jeg havde lyttet til hans historie, sagde jeg: "Hvis du virkelig elsker din kone, hvorfor er det da så svært at holde op med at ryge og drikke?" Han svarede ikke, men det lod til, at han manglede selvtillid. Jeg fik ondt af hans familie. Så jeg bad for, at hans kone ville blive helbredt for sin depression, og for at han ville få styrke til at holde op med at ryge og drikke. Guds kraft er forbløffende! Manden holdt op med at drikke lige efter at han havde modtaget bønnen. Tidligere havde det været helt umuligt for ham at holde op, men nu gjorde han det bare lige med det samme, da han havde modtaget forbønnen. Og hans kone blev også helbredt for sin depression.

Tålmodigheden er begyndelsen på den åndelige kærlighed

Hvis vi vil kultivere den åndelige kærlighed, må vi være tålmodige med andre under alle omstændigheder. Føler du til tider ubehag, når du skal være udholdende? Eller har du det ligesom konen i historien, at du bliver mismodig, når du har været tålmodig i lang tid og situationen ikke forandrer sig til det bedre? Så skal du undersøge dit hjerte, før du begynder at bebrejde omstændighederne eller andre mennesker. Hvis vi har kultiveret sandheden fuldkommen i hjertet, vil der ikke være nogen situationer, hvor vi ikke kan være tålmodige. Hvis vi mister tålmodigheden betyder det nemlig, at vi stadig har ondskab, dvs. usandhed, i hjertet i samme udstrækning, som vi mangler tålmodighed.

At være tålmodig betyder, at man er tålmodig med sig selv og med alle de vanskeligheder, vi kommer ud for, når vi forsøger at udvise sand kærlighed. Der kan opstå vanskelige situationer, når vi forsøger at elske alle andre i lydighed overfor Guds ord, og den tålmodighed, som er nødvendig for at opnå åndelig kærlighed, er at være tålmodig i alle disse situationer.

Denne tålmodighed adskiller sig fra den tålmodighed, som er en af Helligåndens ni frugter, og som omtales i Galaterbrevet 5:22-23. Så hvad er forskellen? Tålmodigheden som er en af Helligåndens ni frugter, tilskynder os til at være tålmodige under alle forhold for Guds rige og retfærdighed, mens tålmodigheden i den åndelige kærlighed er at være tålmodig for at kultivere åndelig kærlighed. Den sidste har dermed en mere smal og specifik betydning. Vi kan sige, at den hører under den tålmodighed, som

Tålmodigheden i Helligåndens ni frugter	1. At skille sig af med al usandhed og kultivere hjertet med sandheden 2. At forstå andre, søge deres gavn og være i fred med dem 3. At få svar på bønner, og opnå frelsen og de ting, som Gud har lovet

er en af Helligåndens ni frugter.

Nu om dage er folk hurtige til at lægge sag an mod hinanden, hvis de bliver udsat for selv den mindste skade på deres egendom eller velfærd. Der er overvældende mange sagsanlæg folk imellem. Ofte sagsøger de selv deres ægtefæller, eller deres forældre eller børn. Hvis man er tålmodig med andre mennesker, vil folk måske håne en og synes, at man er et fjols. Men hvad siger Jesus?

Der står i Matthæusevangeliet 5:39: *"Men jeg siger jer, at I må ikke sætte jer til modværge mod den, der vil jer noget ondt. Men slår nogen dig på din højre kind, så vend også den anden til."* Og i Matthæusevangeliet 5:40: *"Og vil nogen ved rettens hjælp tage din kjortel, så lad ham også få kappen."*

Jesus siger ikke alene, at vi ikke skal gøre gengæld mod det onde; han siger også, at vi skal være tålmodige. Han fortæller os, at vi skal gøre det gode mod de onde mennesker. Vi kan måske tænke: "Hvordan skal vi bære os af med det, hvis vi selv er vrede og sårede?" Hvis vi har tro og kærlighed, vil vi være i stand til at gøre det. Vi må have tro på, at Kærlighedens Gud har givet os sin enbårne søn som sonoffer for vores synder. Hvis vi tror på, at vi har modtaget denne kærlighed, kan vi tilgive selv de mennesker, som udsætter os for store lidelser og skader. Hvis vi elsker Gud, som har elsket os i så høj grad, at han har givet os sin enbårne søn, og hvis vi elsker Herren, som har givet sit liv for os, vil vi være i stand til at elske hvem som helst.

Grænseløs tålmodighed

Nogle mennesker undertrykker deres had, vrede, temperament eller andre negative følelser, indtil de når grænsen for deres tålmodighed og eksploderer. Visse indadvendte mennesker har svært ved at udtrykke sig, men lider i stedet indeni, og det medfører en dårlig helbredstilstand på grund af stres. Denne form for tålmodighed er ligesom en metalfjeder, der trykkes sammen. Hvis man holder op med at trykke på den, vil den straks springe op.

Den form for tålmodighed som Gud ønsker af os, er at være tålmodig uden at ændre indstilling. Eller for at udtrykke det mere præcist: Hvis vi har denne form for tålmodighed, vil vi ikke føle, at vi har brug for at være tålmodige. Vi vil ikke have had og modvilje i vores hjerter, men i stedet fjerne den oprindelige onde natur, som er årsag til de negative følelser, og så vil vi kun have kærlighed og medfølelse. Dette er essensen i den åndelige betydning af tålmodighed. Hvis vi ikke har nogen ondskab i hjertet, men kun den åndelige kærligheds fylde, er det ikke vanskeligt for os at elske selv vores fjender. Rent faktisk vil vi slet ikke lade nogen form for fjendskab udvikle sig.

Hvis vores hjerter er fulde af had, skænderi, misundelse og jalousi, vil vi først se de negative sider af andre mennesker, selv om de rent faktisk har gode hjerter. Det kan sammenlignes med at gå med solbriller, som får alting til at se mørkere ud. Hvis vores hjerter omvendt er fulde af kærlighed, så vil selv de mennesker, som gør det onde, forekomme elskelige. Uanset hvilken form for ufuldkommenhed, mangel, fejl eller svaghed, de måtte have, vil vi stadig ikke tænke noget ondt om dem. Og selv om de hader os og handler ondt imod os, vil vi ikke gengælde disse negative følelser.

Tålmodigheden er også en del af Jesu indstilling, når han "ikke sønderbryder det knækkede rør, og ikke slukker den osende væge." Samme tålmodighed lå i Stefanus' hjerte, da han med de følgende ord bad for de mennesker, som stenede ham: *"Herre, tilregn dem ikke denne synd!"* (Apostlenes Gerninger 7:60). Folk stenede ham, bare fordi han havde prædiket budskabet for dem. Var det vanskeligt for Jesus at elske synderne? Nej, overhovedet ikke! For hans hjerte var sandheden selv.

En dag stillede Peter Jesus følgende spørgsmål: *"Herre, hvor mange gange skal jeg tilgive min broder, når han forsynder sig mod mig? Op til syv gange?"* (Matthæusevangeliet 18:21). Dertil svarede Jesus: *"Jeg siger dig, ikke op til syv gange, men op til syvoghalvfjerds gange"* (vers 22).

Det betyder dog ikke, at vi kun skal tilgive syvoghalvfjerds gange. Syv symboliserer i åndelig forstand fuldkommenhed. Så at tilgive syvoghalvfjerds gange står for fuldkommen tilgivelse. Vi kan her mærke Jesu grænseløse tilgivelse og kærlighed.

Tålmodighed som opnår åndelig kærlighed

Det er naturligvis ikke let at forandre vores had til kærlighed på et øjeblik. Vi skal være tålmodige i lang tid uden ophør. I Efeserbrevet 4:26 står der: *"Bliv blot vrede, men synd ikke. Lad ikke solen gå ned over jeres vrede."*

"Bliv blot vrede" er her henvendt til de mennesker, som har svag tro. Gud fortæller disse mennesker, at selv om de bliver vrede på grund af deres manglende tro, så må de ikke gemme på denne vrede indtil solnedgang, men i stedet lade følelserne forsvinde. Selv om et menneske kan bære nag eller være vred, kan han indenfor sit mål af tro forsøge at skille sig af med disse følelser med tålmodighed og udholdenhed, og så vil hans hjerte lidt efter lidt forandres, idet sandheden og den åndelige kærlighed vil vokse.

Den syndefulde natur har dybe rødder i hjertet, men man kan skille sig af med den ved at bede indtrængende med Helligåndens fylde. Det er meget vigtigt, at vi forsøger at se på de mennesker, vi ikke bryder os om, med velvilje, og udviser gode gerninger overfor dem. Når vi gør det, vil hadet i vores hjertet hurtigt forsvinde, og vi vil være i stand til at elske dem. Vi vil ikke have nogen konflikter, og der vil ikke være nogen mennesker, vi ikke bryder os om. Vi vil også være i stand til at leve lykkelige liv ligesom i himlen, som Herren har sagt: *"Se der! For Guds rige er midt iblandt jer"* (Lukasevangeliet 17:21).

Når folk er lykkelige, siger de, at der er som at være i himlen. Det, at himmeriget er iblandt os, betyder, at vi skal skille os af med alle usandheder i hjertet og lade os fylde af sandhed, kærlighed og godhed. Så behøver man ikke være tålmodig, for man er altid lykkelig og fuld af glæde og nåde, fordi man elsker alle mennesker i sine omgivelser. Jo mere man skiller sig af med ondskaben og opnår godheden, jo mindre behov for tålmodighed har man. I den grad, man opnår den åndelige kærlighed, er der ikke længere behov for at være tålmodig på den måde, at man undertrykker sine følelser. Man vil være i stand til at vente tålmodigt og fredefyldt på, at andre forandres med kærligheden.

I himlen er der hverken tårer, sorger eller smerter. Da der ikke er nogen ondskab, men kun godhed og kærlighed, vil man ikke hade nogen, blive vred på nogen eller udvise temperament overfor nogen. Så der er ikke noget behov for at tilbageholde og kontrollere følelserne. Vor Gud har naturligvis ikke behov for at være tålmodig med noget, for han er kærligheden selv. Når der står i Bibelen, at kærligheden er tålmodig, skyldes det, at vi som mennesker har en sjæl med holdninger og tankebygninger. Gud vil hjælpe folk med at forstå. Jo mere vi skiller os af med ondskaben og opnår godheden, jo mindre har vi behov for tålmodighed.

Fjender kan forandres til venner med tålmodighed

Abraham Lincoln, USA's 16. præsident, og Edwin Stanton havde ikke noget godt forhold til hinanden, da de var advokater. Stanton kom fra en velstående familie og havde fået en god uddannelse. Lincolns far var skomager, og havde ikke engang afsluttet grundskolen. Stanton hånede Lincoln med hårde ord. Men Lincoln blev aldrig vred, og han svarede aldrig igen.

Da Lincoln blev valgt til præsident, udpegede han Stanton til Krigssekretær, hvilket var en af de vigtigste stillinger i regeringen. Lincoln vidste, at Stanton var det rigtige til jobbet. Da Lincoln senere blev skudt i Fords teater, var der mange mennesker, som løb for livet. Men Stanton skyndte sig hen til Lincoln. Han holdt Lincoln i armene og udbrød med tårer i øjnene: "Her ligger det største menneske, verden har set. Han er den største leder i historien."

Tålmodigheden i den åndelige kærlighed kan fremkalde det

mirakel at fjender bliver til venner. I Matthæusevangeliet 5:45 står der: " ... *for at I må være jeres himmelske faders børn; for han lader sin sol stå op over onde og gode og lader det regne over retfærdige og uretfærdige.*"

Gud er tålmodig selv med de mennesker, som gør det onde, for han vil, at de en dag skal forandre sig. Hvis vi behandler de onde mennesker med ondskab, betyder det, at vi selv er onde, men hvis vi er tålmodige og elsker dem med blikket vendt mod Gud, som vil belønne os, kan vi senere opnå en smuk bolig i himlen (Salmernes Bog 37:8-9).

2. Kærligheden er mild

Blandt Æsops fabler er der en historie om solen og vinden. De indgik en dag et væddemål om, hvem der først kunne få frakken af en mand, som gik på vejen. Først forsøgte vinden, og den blæste triumferende og susede kraftigt nok til at vælte et træ omkuld. Manden lukkede overfrakken endnu tættere om sig. Derefter kom den smilende sol, og den varmede med sine milde stråler. Manden begyndte hurtigt at svede og tog sin frakke af.

Denne historie har en god morale. Vinden forsøger med tvang at blæse frakken af manden, men solen får ham til selv at tage den af helt frivilligt. Mildhed har lignende egenskaber. Mildhed er at vinde andres hjerter uden fysisk kraft, men med godhed og kærlighed.

Mildheden accepterer alle mennesker

Den, som har mildhed, kan acceptere alle mennesker, og mange kan finde hvile i hans selskab. Ordbogen definerer mildhed som "den kvalitet eller tilstand at være mild", og det henviser til at have en overbærende natur. Hvis man forestiller sig et stykke bomuld, kan man bedre forstå, hvad mildhed er. Bomuld laver ikke nogen lyd, når det bliver ramt af andre objekter. I stedet omslutter og favner det alle andre ting.

Et mildt menneske er ligesom et træ, som mange mennesker kan hvile sig under. Hvis man sætter sig under et stort træ på en varm sommerdag for at undgå den svidende sol, vil man køle lidt af og få det bedre. Det samme gælder for et menneske, som har et mildt hjerte: mange mennesker vil ønske at være hos vedkommende for at finde hvile dér.

Hvis et menneske er så venligt og mildt, at han ikke bliver vred på nogen, selv om de generer ham, og ikke insisterer på sine egne holdninger, så siger vi, at han er sagtmodig og godhjertet. Men uanset hvor venlig og sagtmodig, han er, kan vi ikke sige, at han for alvor er mild, hvis ikke denne mildhed anerkendes af Gud. Der er nogle mennesker, som bare adlyder andre, fordi de har en svag og konservativ karakter. Andre undertrykker deres vrede, selv om de inderst inde er ophidsede, når nogen giver dem vanskeligheder. Men så kan det ikke siges, at de for alvor er milde. Folk, som ikke har nogen ondskab, men kun kærlighed i deres hjerter, accepterer og udholder onde mennesker med åndelig sagtmodighed.

God ønsker åndelig mildhed

Åndelig mildhed er resultatet af den åndelige kærligheds fylde uden spor af ondskab. Med denne åndelige mildhed modsætter man sig ikke nogen, men accepterer dem, uanset om de er nogle rigtige slyngler. Man holder ud med visdom. Men vi må huske, at vi ikke kan anses for milde, hvis vi bare ubetinget forstår og tilgiver andre, og behandler dem blidt. Vi må også have retfærdighed, værdighed og autoritet til at være i stand til at vejlede og påvirke dem. Så et åndelig set mildt menneske er ikke kun blid, men også vis og retskaffen. Sådan et menneske lever et eksemplarisk liv. Mere præcist består den åndelige mildhed i at have sagtmodighed i hjertet samt en dydig gavmildhed udadtil.

Selv om vi har et mildt hjerte uden ondskab, kan denne mildhed ikke alene få os til at favne folk og påvirke dem på positiv vis, hvis vi kun har den indeni. Så vi må også have den ydre dydige gavmildhed, sådan at vores venlighed kan være fuldkommen og vi kan udvise stor kraft. Hvis vi har både gavmildhed og et mildt hjerte, kan vi vinde mange menneske og opnå langt mere.

Man kan vise andre sand kærlighed, når man har godhed og mildhed i hjertet, er fuld af medfølelse og har dydig gavmildhed, sådan at man kan vejlede andre på rette vis. Så kan man føre mange sjæle mod frelsen. Den indre mildhed kan ikke lade sit lys skinne uden den ydre dydige gavmildhed. Så lad os først se nærmere på, hvad vi skal gøre for at kultivere den indre mildhed.

Standarten til at måde den indre mildhed, er hellighed

For at opnå mildhed må vi først og fremmest skille os af med ondskaben i hjertet og blive hellige. Et mildt hjerte er ligesom bomuld, og selv om nogen handler agressivt, laver det ikke nogen lyd, men favner bare dette menneske. Den, som har et mildt hjerte, har ikke nogen ondskab og kommer ikke i konflikt med andre mennesker. Men hvis vi har et skarpt hjerte med had, jalousi og misundelse, eller et hærdet hjerte med selvretfærdighed og ubøjelige tankebygninger, er det vanskeligt for os at favne andre.

Hvis en sten falder til jorden og rammer en anden sten eller en genstand at metal, vil den lave en høj lyd og springe tilbage. På samme måde vil vi afsløre vores ubehag, selv om der kun er tale om småting, hvis vores kødelige selv stadig er i live. Hvis vi opfatter andre mennesker som nogen, der har en mangelfuld karakter fuld af fejl, vil vi måske ikke dække over dem, beskytte dem og forstå dem, men i stedet dømme, fordømme, sladre om eller bagtale dem. Det betyder, at vi er ganske små redskaber, der vil gå i stykker, når vi bliver brugt.

Hvis et lille hjerte er fuldt af smudsige ting, vil det ikke have plads til at tage imod noget som helst andet. Med sådan et hjerte kan vi for eksempel blive fornærmede, når andre påpeger vores fejl. Eller når vi ser at andre hvisker, kan vi tro, at de taler om os, og begynde at spekulere over, hvad de mon har sagt. Vi kan måske endda dømme andre, bare fordi de ser på os et kort øjeblik.

Hvis man vil kultivere mildheden i hjertet, er det en basal forudsætning, at der ikke er nogen ondskab. For når der ikke er det, kan vi værdsætte andre af hjertet og vi kan se dem med godhed og kærlighed. Et mildt menneske ser på andre med nåde og medfølelse til enhver tid. Han har ikke nogen intention om at dømme eller fordømme dem, men forsøger kun at forstå dem med kærlighed og godhed, og selv de onde menneskers hjerter vil smelte ved hans varme.

Det er særlig vigtigt at de, som underviser og vejleder andre, er hellige. I den udstrækning de har ondskab, vil de bruge deres egne kødelige tanker. Så kan de ikke vurdere flokkens situation korrekt, og de vil ikke være i stand til at føre sjælene til de grønne enge og det stille vand. Vi kan først få Helligåndens vejledning og forstå flokkens situation, når vi er fuldkomne hellige, og så kan vi føre dem den bedste vej. Gud kan kun anerkende den sande mildhed hos de mennesker, som er fuldkommen hellige. Forskellige mennesker har forskellige standarter omkring, hvad det vil sige at være mild. Men der er forskel på de menneskelige opfattelser af mildhed og Guds.

Gud anerkendte Moses' mildhed

I Bibelen bliver Moses anerkendt af Gud for sin mildhed. Vi kan se, hvor vigtigt det er at blive anerkendt af Gud i Fjerde Mosebog kapitel 12. Moses' bror Aron og hans søster Mirjam kritiserede Moses for at have giftet sig med en nubisk kvinde.

I Fjerde Mosebog 12:2 står der: *"Og de sagde: 'Har Herren kun talt til Moses? Har han ikke også talt til os?' Det hørte Herren."*

Så hvad sagde Gud om det, de havde sagt? *"Med ham taler jeg ansigt til ansigt, ligefremt og ikke i gåder, han får Herrens skikkelse at se. Hvor vover I da at tale mod min tjener Moses?"* (Fjerde Mosebog 12:8).

Aron og Mirjams fordømmende kommentarer om Moses vakte Guds vrede. Derfor blev Mirjam spedalsk. Aron var talsmand for Moses, og Mirjam var også en af menighedens ledere. De troede, at de også var elskede og anerkendt af Gud, så da de mente, at Moses gjorde noget forkert, kritiserede de ham straks for det.

Men Gud ville ikke finde sig i Aron og Mirjams fordømmelse og bagtale af Moses, for den var baseret på deres egen standart. Hvilken slags menneske var Moses? Han var anerkendt af Gud som det mest sagtmodige menneske på jorden. Han var også betroet i hele Guds hus, og derfor stolede Gud så meget på ham, at de ligefrem talte sammen ansigt til ansigt.

Hvis vi ser nærmere på israelitterne flugt fra Egypten og deres vandring til Kana'ans land, kan vi forstå, hvorfor Guds i så høj grad anerkendte Moses. De mennesker, som var flygtet fra Egypten, syndede konstant og modsatte sig Guds vilje. De beklagede sig til Moses og bebrejdede ham for selv de mindste vanskeligheder, hvilket var det samme som at beklage sig til Gud. Hver gang de brokkede sig, bad Moses for Guds nåde.

Der var en hændelse, som på dramatisk vis viste Moses' mildhed. Mens Moses var på Sinaj-bjerget for at modtaget de ti bud, lavede folket en afgud – en guldkalv – og de spiste, drak og hengav sig til udsvævelse, mens de tilbad den. Egypterne tilbad en gud, der var ligesom en tyr, og en anden, der var ligesom en ko, og israelitterne efterlignede disse guder. Gud havde vist dem, at han var med dem igen og igen, men der var ikke nogen tegn på, at de ville ændre sig. Endelig kom Guds vrede over dem. Men da gik Moses i forbøn for dem og satte sit eget liv på spil på følgende vis: *"Gid du dog vil tilgive dem deres synd! Men hvis ikke, så slet mig af den bog, du fører"* (Anden Mosebog 32:32).

"Den bog, du fører" henviser til livets bog, som er en optegnelse af navnene på de mennesker, som bliver frelst. Hvis ens navn bliver slette fra livets bog, kan man ikke blive frelst. Det betyder ikke kun, at man ikke frelses, men også at man vil lide i Helvede til evig tid. Moses kendte til livet efter døden, men han ville frelse folket selv om det betød, at han måtte opgive sin frelse for deres skyld. Moses' hjerte lignede dermed i høj grad Guds, for ingen af dem ønsker at lade så meget som en enkelt sjæl gå til grunde.

Moses kultiverede mildheden gennem prøvelser

Moses havde naturligvis ikke denne mildhed fra starten af. Selv om han var hebræer, var han opvokset som søn af en egyptisk prinsesse, så han havde ikke manglet noget. Han var blevet uddannet i overklassen i Egypten og havde også lært krigskunst. Så han var stolt og selvretfærdig. En dag så han en egypter slå en hebræer, og han dræbte egypteren i sin selvretfærdighed.

Men denne handling gjorde ham til flygtning. Heldigvis lykkedes det ham at blive hyrde i ødemarken ved hjælp af en præst i Midjan, men han havde mistet alt. Egypterne anså det for meget ydmygt at være hyrde. Og Moses måtte i 40 år varetage et job, som han tidligere havde set ned på. Det fik ham til at ydmyge sig fuldkommen, og han fik mange indsigter om Guds kærlighed og livet.

Gud kaldte ikke Moses, den egyptiske prins, som leder af israelitterne. Han kaldt den Moses, som var hyrde og havde ydmyget sig mange gange, endda da Gud kaldte ham. Han ydmygede sig fuldkommen og skilte sig af med al hjertets ondskab gennem prøvelser, og derfor var han i stand til at føre mere end 600.000 mennesker ud af Egypten og hen til Kana'ans land.

Så det vigtigste i forhold til at udvikle mildhed er, at vi kultiverer godhed og kærlighed ved at ydmyge os for Gud gennem de prøvelser, han giver os. Mængden af vores ydmyghed påvirker også vores mildhed. Hvis vi er tilfredse med vores nuværende tilstand og tror, at vi har kultiveret sandheden og at vi skal anerkendes af andre, ligesom det var tilfældet med Aron og Mirjam, vil vi kun blive stadig mere arrogante.

Dydig gavmildhed fuldender den åndelige mildhed

For at kultivere den åndelige mildhed skal vi ikke kun blive hellige ved at skille os af med alle former for ondskab, vi skal også kultivere en dydig gavmildhed. Det vil sige, at vi i bred forstand skal forstå og accepterer andre med retfærdighed; vi skal gøre det rette i overensstemmelse med vores menneskelige forpligtelser; og vi skal have en karakter, som lader andre overgive deres hjerter, fordi vi forstår deres mangler og accepterer dem – ikke ved fysisk magt. Folk som er sådan, har kærlighed til at give andre sikkerhed og vække tillid.

Den dydige gavmildhed er ligesom det tøj, folk har på. Uanset hvor gode, vi er indeni, vil folk se ned på os, hvis vi er nøgne. På samme måde er det ligegyldigt hvor milde, vi er, hvis ikke vi viser værdien af denne mildhed gennem dydig gavmildhed. For eksempel kan et menneske være mildt indeni, men tale om ligegyldige ting, når han snakker med andre mennesker. Et sådant menneske har ikke nogen onde intentioner med det, han gør, men det er vanskeligt for ham at opnå, at andre mennesker stoler på han, for han har ikke givet indtryk af at have gode manerer eller være dannet. Nogle mennesker har let ved at undlade at bære nag, fordi de har mildhed, og de skaber ikke problemer for andre. Men hvis de ikke aktivt hjælper andre eller tager sig af dem med hengivenhed, er det vanskeligt for dem at vinde andre mennesker hjerter.

Blomster, som hverken har smukke farver eller en kraftig duft, kan ikke tiltrække bier og sommerfugle, selv om de har megen nektar. På samme måde kan vores mildhed ikke rigtig skinne, hvis ikke vi har dydig gavmildhed i vores ord og handlinger. Den sande mildhed kan kun opnås og vise sin sande værdi, når den indre mildhed klæder sig i dydig gavmildhed.

Josef havde denne dydige gavmildhed. Han var den ellevte søn af Jakob, hele Israels fader. Han blev lagt for had af sine brødre, og de solgte han som slave til Egypten i en ung alder. Men ved Guds hjælp blev han statsminister i Egypten, da han var tredive år. Egypten var på daværende tid en meget stærk nation, centreret omkring Nilen. Det var en af de fire vigtigste "vugger for civilisationen." Lederne og folket var stolte af sig selv, og det var ikke let at blive statsminister som udlænding. Hvis han havde begået så meget som en enkelt fejl, ville han have været nødt til at trække sig tilbage med det samme.

Men selv under disse forhold lykkedes det dog Josef at regere Egypten med dygtighed og visdom. Han var mild og ydmyg, og han viste ingen fejl i sine ord eller handlinger. Han havde også visdom og værdighed som regent. Hans magt blev kun overgået af kongens, men han forsøgte ikke at dominere folket eller vise sig. Han var streng mod sig selv, men gavmild og venlig overfor andre. Derfor var kongen og de andre ministre ikke tilbageholdne overfor ham eller nervøse i hans selskab, og de var ikke jaloux på ham; de satte deres lid til ham. Det kan vi udlede ved at se på den varme modtagelse egypterne gav Josefs familie, som flyttede til Egypten fra Kana'an for at undgå hungersnøden.

Josefs mildhed blev ledsaget af dydig gavmildhed

Hvis et menneske har dydig gavmildhed, så betyder det, at han har et rummeligt hjerte, og at han ikke dømmer eller fordømmer andre med sin egen standart, selv om han er retskaffen med hensyn til ord og handlinger. Dette karakteristika blev udvist til fulde af Josef, da hans brødre, som havde solgt ham som slave til Egypten, kom til landet for at få mad.

Først kunne brødrene ikke genkende Josef. Det er helt forståeligt, for de havde ikke set ham i mere end tyve år. Desuden kunne de ikke på nogen måde have forestillet sig, at han var blevet statsminister i Egypten. Så hvad følte Josef, da han så sine brødre, som næsten havde dræbt ham, og som i sidste ende havde solgt ham som slave til Egypten? Han havde magt til at gøre gengæld for deres synder. Men han havde ikke behov for at hævne sig. Han skjulte sin identitet og prøvede dem nogle gange for at se, om deres hjerter var, ligesom de havde været førhen.

Josef gav dem rent faktisk en mulighed for selv at angre deres synder overfor Gud, for det er ikke en ubetydelig synd at planlægge at dræbe og at sælge sin egen bror som slave til at andet land. Han tilgav dem ikke ubetinget eller straffede dem, men styrede situationen på en måde, så hans brødre kunne angre af egen drift. Og først da brødrene havde husket deres fejl og angret, afslørede Josef sin identitet.

Da blev brødrene bange. Deres liv lå i hænderne på deres bror Josef, som nu var statsminister i Egypten, den stærkeste nation i verden på daværende tid. Men Josef havde ikke noget ønske om at afkræve dem en forklaring på, hvorfor de havde gjort, som de havde. Han truede dem ikke, og sagde ikke, at de skulle betale for deres synder. I stedet forsøgte han at trøste dem og give dem ro i sindet. *"Vær nu ikke bedrøvede eller skamfulde over, at I solgte mig hertil. Gud har sendt mig i forvejen til livets opretholdelse"* (Første Mosebog 45:5).

Han anerkendte, at alt var sket ved Guds plan. Josef ikke alene tilgav sine brødre af hjertets grund, men trøstede dem også med rørende ord, og forstod dem fuldt ud. Det betyder, at han udviste handlinger, som kunne berøre selv hans fjender, og dette er den ydre dydige gavmildhed. Josefs mildhed blev ledsaget af dydig gavmildhed, og den var dermed en kilde til kraft til at frelst mange liv i og omkring Egypten, og dermed udføre Guds forbløffende plan. Det, der nu er blevet forklaret, er altså, at den dydige gavmildhed det ydre udtryk for den indre mildhed, og den kan vinde mange menneskers hjerter og udvise stor kraft.

Hellighed er nødvendigt for at have dydig gavmildhed

Ligesom den indre mildhed kan opnås gennem hellighed, kan den dydige gavmildhed også kultiveres ved at skille sig af med ondskaben og blive hellig. Selv om et menneske ikke er hellig, kan ham måske godt være i stand til at udvise dydige og gavmilde gerninger i nogen grad gennem sin dannelse eller fordi han er født med et stort hjerte. Men sand dydig gavmildhed kan kun komme fra et hjerte, som er frit for ondskab og som udelukkende følger sandheden. Hvis vi vil kultivere den dydige gavmildhed fuldt ud, er det ikke nok at trække den vigtigste ondskab i hjertet op med rod. Vi skal også fjerne selv de mindste spor af ondskaben (Første Thessalonikerbrev 5:22).

Der står i Matthæusevangeliet 5:48: *"Så vær da fuldkomne, som jeres himmelske fader er fuldkommen."* Når vi har skilt os af med alle former for ondskab i hjertet og er blevet skyldfri med hensyn til vores ord, gerninger og adfærd, kan vi kultivere mildheden, sådan at mange mennesker kan finde hvile i os. Derfor må vi ikke stille os tilfredse, når vi når det niveau, hvor vi har skilt os af med ondskaben i form af had, misundelse, jalousi, arrogance og temperament. Vi skal også skille os af med selv de mindre legemlige misgerninger og udvise sande gerninger gennem Guds ord og indtrængende bøn, og ved at modtage Helligåndens vejledning.

Hvad er da legemets misgerninger? I Romerbrevet 8:13 står der: *"Hvis I lever i lydighed mod kødet, skal I dø, men hvis I ved Åndens hjælp dræber legemets misgerninger, skal I leve."*

Legemet henviser her ikke kun til den fysiske krop. Legemet henviser i åndelig betydning til menneskekroppen, efter at sandheden er forsvundet fra den. Legemets gerninger henviser derfor de de gerninger, som kommer fra usandhed, og som har fyldt menneskeheden, som er kødelig. Legemets gerninger inkluderer ikke kun de åbenlyse synder, men også alle former for ufuldkomne gerninger og handlinger.

Jeg havde engang en besynderlig oplevelse. Når jeg rørte en ting, følte jeg det som om, jeg havde fået et elektrisk stød, og jeg rystede en smule hver gang. Jeg blev bange for at røre ved noget. Og når som helst jeg skulle røre ved ting, bad jeg i sindet og kaldte på Herren. Men jeg havde ikke denne oplevelse, når jeg rørte meget forsigtigt ved tingene. Når jeg åbnede døren, måtte jeg tage forsigtigt på håndtaget. Og jeg var meget forsigtig, når jeg gav hånden til kirkens medlemmer. Dette fænomen fortsatte i flere måneder, og min adfærd blev meget forsigtig og mild. Senere indså jeg, at Gud havde fuldendt mine legemlige gerninger gennem denne oplevelse.

Det kan måske anses for en ubetydelig ting, men den kropslige adfærd er vigtig. Nogle mennesker har helt vanemæssigt fysisk kontakt med andre når de griner eller taler med folk, som står ved siden af dem. Nogle har meget høje stemmer uanset tid og sted, og kan skabe ubehag hos andre. Disse former for adfærd er ikke store fejl, men der er stadig tale om ufuldkomne legemlige misgerninger. De mennesker, som har dydig gavmildhed, har en retskaffen adfærd i deres dagligdag, og mange mennesker kan finde hvile i deres selskab.

Forandring af hjertets karakter

Derefter skal vi kultivere hjertets karakter for at opnå dydig gavmildhed. Hjertets karakter henviser til dets størrelse. Alt efter hvilken karakter hjertet har, er der nogle mennesker, som gør mere end det, der forventes af dem, mens andre kun udfører de opgaver, de er blevet tildelt, eller måske endda en smule mindre. Et menneske med dydig gavmildhed har et stort og bredt hjerte, så det tager sig ikke kun af sine egne personlige opgaver, men sørger også for andre.

I Filipperbrevet 2:4 står der: *"Tænk ikke hver især på jeres eget, men tænk alle også på de andres vel."* Hjertets karakter ændrer sig i takt med, hvor meget vi udvidder det under forskellige omstændigheder, så vi kan forandre os under konstante anstrengelser. Hvis vi er utålmodige og kun tager hånd om egne interesser, bør vi arbejde detaljeret på at forandre vores snævre sind, sådan at vi først og fremmest tænker på andres omstændigheder og deres gavn.

Før Josef blev solgt som slave til Egypten, var han vokset op som en plante i et drivhus. Han var ikke i stand til at tage sig af husholdningens anliggender, og han tog ikke hensyn til sine brødres omstændigheder, selv om de følte, at deres far ikke elskede dem. Gennem adskillige prøvelser fik han dog et hjerte, som lod ham observere og håndtere de forskellige aspekter af omgivelserne, og han lærte at tage hensyn til andre.

Gud udvidede Josefs hjerte for at forberede ham på at blive statsminister i Egypten. Hvis vi opnår denne karakter, hvor vi har et mildt og skyldfrit hjerte, vil vi også være i stand til at bestyre en større organisation. Det er en dyd, som enhver leder må have.

Velsignelser til de milde

Hvilken slags velsignelser vil der blive givet til de mennesker, som har opnået den fuldkomne mildhed ved at fjerne ondskaben fra deres hjerter og kultivere den ydre dydige gavmildhed? Som der står i Matthæusevangeliet 5:5: *"Salige er de sagtmodige, for de skal arve jorden."* Og i Salmernes Bog 37:11: *"Men de sagtmodige skal få landet i arv og eje, og glæde sig over stor lykke."* De milde skal altså arve jorden. Det henviser til opholdsstedet i himmeriget, og det at "arve jorden" betyder at få stor magt i himlen fremover.

Så hvorfor vil disse mennesker få stor magt i himlen? Et mildt menneske styrker andre sjæle med vor Fader Guds hjerte og berører dem dybt. Jo mildere en person bliver, jo flere sjæle vil finde hvile hos ham og lade sig lede mod frelsen af ham. Hvis vi kan blive store mennesker, som giver mange andre fred, betyder det at vi har tjent andre i stor udstrækning. Den himmelske magt vil blive givet dem, som tjener. I Matthæusevangeliet 23:11 står der: *"Men den største blandt jer skal være jeres tjener."*

Et mildt menneske vil følgelig få stor magt og blive tildelt et udtrakt opholdssted, når han kommer til himlen. Selv på denne jord er der mange, som følger de mennesker, der har magt, velstand, omdømme og autoritet. Men hvis de mister det, de ejer, vil de også miste deres magt, og de mange mennesker, som har fulgt dem, vil forlade dem. Men den åndelige autoritet, som findes hos et mildt menneske, er anderledes end verdslig magt. Den hverken forsvinder eller forandres. De milde vil have medgang i alt på denne jord, idet deres sjæl trives. Og i himlen vil de blive elsket af Gud til evig tid, og de vil opnå utallige sjæles respekt.

3. Kærligheden misunder ikke

Dygtige studerende ordner deres noter omkring de spørgsmål, de tidligere har svaret forkert på i prøver. De undersøger, hvorfor de har svaret forkert, sådan at de vil svare rigtigt næste gang, og forstå emnet til bunds. Og de siger, at denne metode er meget effektiv til at lære de vanskelige emner på kort tid. Samme metode kan anvendes, når det drejer sig om at kultivere den åndelige kærlighed. Hvis vi undersøger vores handlinger og ord i detalje, og skiller os af med vores fejl en efter en, så kan vi opnå den åndelige kærlighed på kortere tid. Lad os nu se nærmere på det næste karakteristika ved åndelige kærlighed – kærligheden misunder ikke.

Misundelsen opstår, når følelsen af jaloux bitterhed og ulykke vokser, og man begår onde handlinger mod et andet menneske. Hvis vi har jaloux eller misundelige følelser, vil vi have det dårligt med at andre bliver rost eller æret. Og hvis vi finder, at andre har mere viden og rigdom eller flere evner end os selv, eller hvis en af vore kolleger har fremgang og opnår andre menneskers gunst, vil vi blive misundelige. Nogle gange kan vi ligefrem hade vedkommende, ønske at franarre ham alt, han har, eller på anden vis træde på ham.

På den anden side kan vi også miste modet og tænke: "Han er populær blandt andre mennesker, men hvad er jeg? Jeg er ikke noget!" Men andre ord føler vi os modløse, fordi vi sammenligner os selv med andre. Når vi har disse følelser, kan vi måske tro, at det ikke er jalousi. Men kærligheden glæder sig i sandheden. Men andre ord vil vi glæde os, når det går andre mennesker godt, hvis vi har sand kærlighed. Bliver vi modløse og irettesætter os selv, eller undlader vi at glæde os, så skyldes det, at vores ego eller "selv" stadig er aktivt. Da dette "selv" er i live, blive vores stolthed hurtigt såret, når vi føler, at vi er mindre værd end andre.

Når det misundelige sind vokser og viser sig med onde ord og gerninger, er der tale om den misundelse, som nævnes i kærlighedskapitlet. Hvis denne misundelse udvikler sig til en alvorlig tilstand, kan man skade andre mennesker eller ligefrem slå dem ihjel. Jalousien er den ydre åbenbaring af et ondt og smudsigt hjerte, og derfor er det vanskelig for dem, som er misundelige, at blive frelst (Galaterbrevet 5:19-21). Det skyldes, at misundelsen helt åbenlyst er kødets gerning, det vil sige en synd, som begås helt synligt. Misundelsen kan opdeles i flere forskellige slags.

Jalousi i romantiske forhold

Jalousien bliver fremprovokeret i handling, når et menneske i et parforhold ønsker at få mere kærlighed og opmærksomhed fra den anden, end vedkommende får. For eksempel var Jakobs to koner, Lea og Rakel, jaloux på hinanden og de ønskede begge at opnå højere gunst hos Jakob. Lea og Rakel var søstre, og de var døtre af Laban, Jakobs onkel.

Jakob blev gift med Lea som resultat af Labans bedrag, og i modstrid med hans ønske. Jakob var nemlig forelsket i Leas yngre søster, Rakel, og han fik hende til kone efter at have tjent sin onkel i 14 år. Lige fra begyndelsen elskede Jakob Rakel højere end Lea. Men Lea fødte fire børn, mens Rakel forblev ufrugtbar.

Dengang var det skamfuldt for kvinder ikke at have nogen børn, og Rakel var konstant misundelig på sin søster Lea. Hun blev så forblindet af jalousi, at hun også gjorde tilværelsen vanskelig for sin mand Jakob: *"Skaf mig børn, ellers dør jeg"* (Første Mosebog 30:1).

Både Rakel og Lea gav Jakob deres respektive trælkvinder som medhustruer for at opnå eneret på hans kærlighed. Hvis de havde haft bare en smule kærlighed i deres hjerter, kunne de have glædet sig over at den anden vandt mandens gunst. Men jalousien gjorde dem alle ulykkelige: Lea, Rakel og Jakob. Og den påvirkede desuden deres børn.

Misundelse overfor andre, som har bedre omstændigheder

Dette aspekt af misundelsen vil være forskellige fra person ti person, for vi har alle forskellige værdier i tilværelsen. Men normalt bliver vi jaloux, når andre er rigere, har mere viden, er mere kompetente, eller får mere opmærksomhed og kærlighed. Det er ikke vanskeligt at finde situationer i skolen, på arbejdspladsen og i hjemmet, hvor misundelsen kommer frem, fordi vi føler, at andre har det bedre end os selv. Hvis en ligemand har fremgang og det går ham bedre end os selv, kan vi finde på at hade ham og bagtale ham. Vi kan måske tro, at vi skal træde på andre for selv at få fremgang og opmærksomhed.

For eksempel er der nogle mennesker, som afslører andres fejl og mangler på arbejdspladsen, og som er skyld i at andre kommer under mistanke helt uberettiget. De ville ønske, at det var dem selv, der blev forfremmet i selskabet. Unge studerende er ikke nogen undtagelse. Nogle studerende generer de andre, som klarer sig godt rent akademisk og mobber dem, som får lærerens opmærksomhed. Hjemme kan børn bagtale deres søskende og skændes med dem for at opnå større anerkendelse og flere fordele fra forældrene. Andre gør det samme, fordi de selv vil arve alle forældrenes egendele.

Det var tilfældet med Kain, den første morder i menneskehedens historie. Gud tog kun imod Abels offergave. Derfor følte Kain sig ydmyget og da jalousien i stigende grad brændte i ham, slog han til sidst sin egen bror Abel ihjel. Han må have hørt om at ofre blod fra dyr fra sine forældre, Adam og Eva, og han kan ikke have været i tvivl om det. *"Ja, efter loven bliver næsten alt renset med blod, og der findes ingen tilgivelse sted, uden at der udgydes blod"* (Hebræerbrevet 9:22).

Ikke desto mindre gav han offergaver af det korn, han havde høstet. Abel ofrede derimod det førstefødte får, og hans hjerte stemte overens med Guds vilje. Nogle vil måske sige, at det ikke var vanskeligt for Abel at ofre lammet, da han var hyrde, men det var ikke tilfældet. Han havde lært Guds vilje fra sine forældre og ønskede at følge denne vilje. Derfor tog Gud kun imod Abels offer. Kain blev jaloux på sin bror og undlod at angre sin egen fejl. Da jalousiens gnist først fik fat, flammede den op og kunne ikke slukkes, og i sidste ende dræbte han sin bror Abel. Hvor må Adam og Eva have lidt på grund af det!

Misundelse mellem brødre i troen

Nogle troende bliver misundelige på brødre eller søstre i troen, som har en højere rang, stilling, tro eller trofasthed end dem selv. Dette fænomen opstår mest, når den anden ligner dem selv med hensyn til alder, stilling, den tid de har gået i kirke, eller hvis de kender den anden rigtig godt.

Som der står i Matthæusevangeliet 19:30: *"Men mange af de første skal blive de sidste, og mange af de sidste de første."* Til tider kan de mennesker, som har troet i kortere tid, er yngre end os selv, eller har en lavere titel i menigheden, have hurtigere fremgang end os selv. Så kan vi måske blive misundelige på dem. Denne misundelse eksisterer ikke kun blandt de troende i den samme kirke. Den kan også opstå mellem pastorer og medlemmer af kirken, eller kirker imellem, eller mellem forskellige kristne organisationer. Når et menneske ærer Gud, bør alle glæde sig sammen, men i stedet bagtaler de hinanden og kalder hinanden for kættere i forsøg på at tilsmudse de andre mennesker eller organisationer. Men hvad føler forældre, når deres børn skændes og lægger hinanden for had? Selv om børnene giver dem god mad og gode ting, vil de ikke være lykkelige. Og hvis de troende, som alle er Guds børn, skændes og bekæmper hinanden, eller hvis der opstår misundelse kirkerne imellem, så vil det kun give Herren sorg.

Sauls misundelse på David

Saul var den første konge i Israel. Han spildte sit liv på at være misundelig på David. For Saul var David som en ridder i skinnende rustning, der havde frelst landet. Da soldaternes moral nåede bunden på grund af filistrenes kæmpe Goliat, nedlagde David filistrenes helt med sten og slynge. Og denne hændelse gav Israel sejren. Siden da udførte David sine forpligtelser med fortjenstfulde gerninger, og han beskyttede landet mod filistrenes angreb. Problemet mellem Saul og David opstod, da Saul hørte noget, som plagede ham: Folkemængden bød David velkommen tilbage efter sejren på slagmarken, og de sagde: *"Saul har dræbt sine tusinder, men David sine titusinder"* (Første Samuelsbog 18:7).

Det syntes Saul ikke om, at han tænkte: "Hvordan kan de sammenligne David med mig? Han er jo kun en hyrdedreng!"

Hans vrede voksede, jo mere han tænkte over bemærkningen. Han mente ikke, at det var korrekt af folket at prise David på denne måde, og fra da af virkede Davids handlinger betænkelige på ham. Saul tænke nok, at David handlede på denne måde for at vinde folkets hjerte. Og vreden var rettet mod David. Saul tænkte: "Hvis David allerede har vundet folkets hjerte, er det kun et spørgsmål om tid, før der kommer oprør!"

Da Sauls tanker blev stadig mere overdrevne, ledte han efter en lejlighed til at slå David ihjel. En dag blev Saul plaget af en ond ånd, og David spillede harpe for ham. Saul greb lejligheden og kastede sit spyd mod David. Heldigvis sprang David til side og undslap. Men Saul opgav ikke sine forsøg på at slå David ihjel. Han satte endda efter David med sin hær.

Til trods for alt dette, havde David ikke noget ønske om at skade Saul, for han var den konge, som Gud havde salvet. Saul vidste, at det var sådan, men hans jalousi var flammet op, og kunne ikke køle ned. Han led konstant af forstyrrende tanker, som opstod på grund af hans jalousi. Og jalousien gav ham ingen ro, før han til sidst blev dræbt i et slag mod filistrene.

De som var misundelige på Moses

I Fjerde Mosebog kapitel 16 læser vi om Kora, Datan og Abiram. Kora var levit, og Datan og Abiram var af Rubens stamme. De bar nag overfor Moses og hans bror Aron. De kunne ikke lide, at Moses, som havde været egyptisk prins, nu regerede over dem, selv om han havde været flygtning og arbejdet som hyrde i Midjan. Samtidig ønskede de selv at blive ledere. Så de tog kontakt til folk og fik dem til at samle sig i en gruppe.

Kora, Datan og Abiram samlede i alt 250 personer, som støttede dem op, og de troede, at de ville overtage magten. De gik hen til Moses og Aron for at snakke med dem. Så sagde de: *"Nu kan det være nok! Hele menigheden er hellig, alle som én, og Herren er midt iblandt dem. Hvorfor ophøjer I jer så over Herrens forsamling?"* (Fjerde Mosebog 16:3).

Selv om de ikke lagde bånd på sig selv i deres konfrontation, sagde Moses ikke noget til dem. Han knælede bare for Gud og bad for at få dem til at indse deres fejl, og han bønfaldt Gud for deres dom. Men Guds vrede havde allerede rejst sig mod Kora, Abiram, Datan og de, som fulgte dem. Jorden åbnede sit gab, og Kora, Datan og Abiram styrtede levende ned i dødsriget med deres familier og alle deres ejendele. Og en ild slog ud fra Herren og fortærede de 250 mænd, som ofrede røgelse.

Moses havde ikke gjort folket noget ondt (Fjerde Mosebog 16:15). Han havde gjort sit bedste for at lede folket. Han havde gang på gang vist, at Gud var med dem, gennem tegn og undere. Han havde vist dem Egyptens ti plager; han havde ført dem tørskøede over det Røde Hav ved at dele det i to; han havde givet dem vand fra en klippe og ladet dem spise manna og vagtler i ødemarken. Og alligevel bagtalte de ham og rejste sig mod ham, idet de sagde, at han ophøjede sig selv.

Gud lod derfor folket se, at det var en stor synd at være misundelig på Moses. De dømte og fordømte et menneske, som var blevet indsat af Gud, og det var det samme som at dømme og fordømme Gud selv. Derfor må vi ikke ubesindigt kritisere kirker eller organisationer, som virker i Herrens havn, og vi må ikke sige, at de tager fejl eller er kætterske. Da vi alle er brødre og søstre i Gud, er det en stor synd, hvis der opstår misundelse mellem os.

Misundelse på grund af meningsløse ting

Kan vi få, hvad vi vil, hvis bare vi bliver misundelige? Nej, overhovedet ikke! Vi kan måske sætte andre mennesker i vanskelige situationer, og det kan måske se ud som om, vi har fortrin frem for dem, men rent faktisk kan vi ikke bare få, hvad vi vil. I Jakobsbrevet 4:2 står der: *"I begærer brændende, men opnår intet. I myrder og misunder, men kan intet udrette. I strides og kæmper."*

Lad os tænke over, hvad der står i Jobs Bog 4:8, i stedet for at være misundelige: *"Dette har jeg set: De, der pløjer med ondskab og sår ulykke, høster det selv."* Det onde, man gør, vil komme tilbage som en boomerang.

Som gengæld for den ondskab, man sår, kan der opstå problemer i familien eller på arbejdspladsen. Som der står i Ordsprogenes Bog 14:30: *"Besindighed er liv for legemet, misundelse er edder i knoglerne."* Misundelsens resultat er selvpåførte skader, og dermed er den fuldkommen meningsløs. Så hvis man gerne vil stå frem i forhold til andre mennesker, skal man bede til Gud, som kontrollerer alt, i stedet for at spilde sin energi på at tænke og handle med misundelse.

Man kan naturligvis ikke få hvad som helst, man beder om. I Jakobsbrevet 4:3 står der: *"I beder og får alligevel intet, fordi I beder dårligt, kun for at ødsle det bort i jeres lyster."* Hvis man beder om noget for at bruge det på egen lyster, kan man ikke få det, for det er ikke Guds vilje. Men i de fleste tilfælde beder folk kun for at følge deres lyst. De beder om velstand, berømmelse og magt af hensyn til eget velbehag og stolthed. Dette har ofte gjort mig meget trist under mit præstevirke. Den sande og oprigtige velsignelse er ikke velstand, berømmelse og magt, men derimod at sjælen trives.

Uanset hvor mange ting man har, hvilken nytte er de så til, hvis ikke man opnår frelsen? Vi må huske på, at alt på denne jord vil forsvinde som en tåge. I Første Johannesbrev 2:17 står der: *"Og verden og dens begær går til grunde, men den, der gør Guds vilje, bliver til evig tid."* Og i Prædikerens Bog 12:8 står der: *"Endeløs tomhed, sagde Prædikeren, alt er tomhed!"*

Jeg håber, du ikke vil blive misundelig på dine brødre og søstre ved at holde fast i meningsløse verdslige ting, men i stedet have et hjerte, der er retskaffent i Guds øjne. Så vil Gud give dig det, som du ønsker af hjertet, og lade dig komme til det evige himmerige.

Misundelse og åndelige ønsker

Folk tror på Gud, men bliver alligevel misundelige, fordi de kun har ringe tro og kærlighed. Hvis man mangler kærlighed til

Gud og har liden tro på himmeriget, kan man blive misundelig på velstand, berømmelse og verdslig magt. Hvis man har fuld sikkerhed på at være Guds barn og have borgerskab i himlen, vil brødrene og søstrene i Kristus være mere dyrebare end den verdslige familie. Det skyldes, at man tror på, man vil leve sammen med dem til evig tid i himlen.

Selv de ikke-troende, som ikke har taget imod Jesus Kristus, er dyrebare, og det er dem, vi skal føre til himmeriget. Vi kultiverer den sande kærlighed i os baseret på denne tro, for at vi skal elske vores næste som os selv. Så når andre klarer sig godt, skal vi glæde os lige så meget over det, som hvis det var os selv. De, som har sand tro, vil ikke søge verdens meningsløse ting, men i stedet forsøge at arbejde flittigt for Herren for at tage himmeriget med storm. De vil nemlig have åndelige ønsker.

Fra Johannes Døberens dage indtil nu er Himmeriget blevet stormet, og de fremstormende river det til sig (Matthæusevangeliet 11:12).

De åndelige ønsker er bestemt anderledes end misundelse. Det er vigtigt at have et ønske om at være entusiastisk og trofast i arbejdet for Herren. Men hvis denne lidenskab overskrider grænsen og bevæger sig bort fra sandheden eller får andre til at falde, så er det ikke acceptabelt. Selv om vi arbejder indtrængende for Herren, bør vi holde øje med, hvad folk omkring os har brug for, søge deres bedste og efterstræbe at være i fred med alle.

4. Kærligheden praler ikke

Der er nogle mennesker, som altid praler af sig selv. De er ligeglade med, om andre synes, at de praler. De har bare lyst til at vise sig, samtidig med at de søger at opnå andres anerkendelse. Josef pralede af sin drøm, da han var et ungt menneske. Det fik hans brødre til at tage afstand fra ham. Da han blev elsket på en helt særlig måde af sin far, forstod han ikke for alvor sine brødre. Senere blev han solgt som slave til Egypten og gennemgik mange forskellige prøvelser, sådan at han til sidst kunne kultivere den åndelige kærlighed. Når folk mangler åndelig kærlighed, kan de måske bryde freden ved at prale og ophøje sig selv. Derfor siger Gud: "Kærligheden praler ikke."

Simpelt sagt er det at prale det samme som at vise sig. Folk vil normalt gerne anerkendes, hvis de gør eller har noget, der er bedre end andres. Men hvad vil være effekten af dette praleri?

For eksempel er der nogle forældre, som praler meget af at deres børn klarer studierne godt. Så kan andre menneske glæde sig sammen med dem, men mange vil også få deres stolthed såret eller opleve negative følelser på grund af det. Så kan de måske begynde at skælde deres børn ud uden grund. Uanset hvor godt vores børn klarer sig, så skal vi lade være med at prale af det, hvis vi har bare en smule godhed og betænksomhed overfor andres følelser. Så vil vi også ønske, at vores næstes barn skal klare sig godt, og hvis han gør det, vil vi rose ham det med glæde.

De, som praler, er som regel også mindre villige til at anerkende og rose andre menneskers gode arbejde. De har tendens til på en eller anden måde at nedvurdere andre, fordi de tror, at de selv bliver bemærket mindre, når andre anerkendes. Dette er bare en af de måder, hvorpå praleri skaber problemer. Når man handler på denne måde, er det pralende hjerte meget langt fra den sande kærlighed. Man kan måske tro, at man vil blive anerkendt af at vise sig, men det gør det vanskeligt at opnå sand respekt og kærlighed. I stedet vil folk i omgivelserne blive misundelige, og det vil skabe splid og stridigheder. *"Nu praler I og bruger store ord; men al den slags pral er at det onde"* (Jakobsbrevet 4:16).

Pral med jordisk gods stammer fra kærlighed til verden

Så hvorfor praler folk af sig selv? Det skyldes, at de har tendensen til pral med jordisk gods. Det henviser til "den natur at vise sig i forhold til verdslige glæder," hvilket skyldes kærlighed til verden. Folk praler normalt med de ting, de anser for at være vigtige. Hvis de elsker penge, vil de prale af deres penge, og hvis de anser den ydre fremtræden for at være vigtig, vil de prale med den. De vægter dermed penge, udseende, berømmelse eller social magt mere end Gud.

Et af kirkens medlemmer havde en succesfuld forretning, hvor han solgte computere til virksomhedskæder i Korea. Han ville gerne udvidde sin forretning, så han foretog en masse forskellige lån og investerede i en internet-cafekæde og internetudsendelser. Han grundlagde en virksomhed med en startkapital på to billioner won, hvilket svarer til omkring 11 millioner dkr.

Men omsætningen var lav, og tabene voksede og fik i sidste ende firmaet til at gå bankerot. Hans hus blev sat på auktion, og manden blev forfulgt at dem, som han skyldte penge. Han måtte leve i små huse i kælderen eller på taget. Nu begyndte han så at se tilbage. Han indså, at han havde haft behov for at prale af sin succes, og at han var pengegrådig. Han forstod også, at han havde givet folk omkring sig problemer, fordi han udvidede virksomheden ud over egne evner.

Da han angrede grundigt overfor Gud af hjertets grund og skilte sig af med sin grådighed, blev han glad, selv om han arbejdede med at rense kloakrør og septiktanke. Gud så hans omstændigheder og viste ham, hvordan han kunne starte en ny virksomhed. Nu går han konstant på den rette vej, og hans virksomhed trives.

I Første Johannesbrev 2:15-16 stå der: *"Elsk ikke verden og heller ikke det, som er i verden. Hvis nogen elsker verden, er Faderens kærlighed ikke i ham; for alt det, som er i verden, kødets lyst og øjnenes lyst og pral med jordisk gods, er ikke af Faderen, men af verden."*

Hizkija, som var den trettende konge i det sydlige Juda, var retskaffen i Guds øjne og han rensede templet. Han overvandt invasionen fra Assyrien gennem bøn. Så blev han syg, og da han bad med tårer, fik han 15 år mere at leve i. Men han havde stadig tendens til pral med jordisk godt. Da han var kommet sig over sygdommen, sendte Babylonien sine diplomater.

Hizkija var glad for at se dem, og han viste dem alle skattene i skatkammeret med sølv og guld, balsamstofferne og den fine olie, og hele våbenkammeret og alt andet, hvad han havde. På grund af dette praleri, blev set sydlige Juda invaderet af Babylonien og alle skattene blev taget (Esajas' Bog 39:1-6). Pral kommer af kærlighed til verden, og det betyder, at den, der praler, ikke elsker Gud. Hvis man vil kultivere den sande kærlighed, skal man rense hjertet for pral med jordisk gods.

Pral af Herren

Der findes en form for pral, som er god. Det er at prale af Herren, som der står i Andet Korintherbrev 10:17: *"Den, der er stolt, skal være stolt af Herren."* At være stolt af Herren er at ære Gud, så jo mere, jo bedre. Et godt eksempel på denne form for pral er "vidnesbyrd".

Paulus sagde i Galaterbrevet 6:14: *"Gid det aldrig må ske mig, at jeg er stolt af andet end af vor Herre Jesu Kristi kors; ved ham er verden blevet korsfæstet for mig, og jeg for verden."*

Som han sagde, skal vi være stolte af Jesus Kristus, som frelste os og gav os himmeriget. Vi var på vej til den evige død på grund af vores synder, men takket være Jesus, som betalte for vores synder på kroset, har vi opnået det evige liv. Hvor skal vi være taknemmelige!

Derfor pralede apostelen Paulus af sin svaghed. I Andet Korintherbrev 12:9 står der: *"Men han [Herren] svarede: 'Min nåde er dig nok, for min magt udøves i magtesløshed.' Jeg vil altså helst være stolt af min magtesløshed, for at Kristi magt kan være over mig."*

Rent faktisk manifesterede Paulus mange tegn og undere, og folk bragte ligefrem lommetørklæder og bælter, som han havde båret, hen til de syge for at de skulle blive helbredt. Han foretog tre missionsrejser og førte mange mennesker til Herren, og han grundlagde kirker i mange byer. Men han sagde, at det ikke var ham, som gennemførte alle disse gerninger. Han pralede derimod af, at det var Guds nåde og Herrens kraft, som havde gjort det muligt at udrette dette.

I dag er der mange mennesker, som bærer vidnesbyrd om deres oplevelser af den levende Gud i deres dagligliv. De formidler Guds kærlighed og siger, at de er blevet helbredt for deres sygdomme, har fået økonomiske velsignelser og fred i familie, fordi de oprigtigt har søgt Gud og udført gerninger, som viser deres kærlighed til ham.

Som er står i Ordsprogenes Bog 8:17: *"Jeg elsker dem, der elsker mig, og de, der søger mig, finder mig."* Folk er taknemmelige over at opleve Guds store kærlighed, og de får stor tro, hvilket betyder, at de også får åndelige velsignelser. Denne stolthed i Herren giver Gud ære, og sår tro og liv i folks hjerter. Dermed samler disse mennesker belønninger sammen i himlen, og deres hjertes ønsker vil blive besvaret endnu hurtigere.

Men der er en ting, vi skal være forsigtige med her. Nogle mennesker siger, at de ærer Gud, men rent faktisk forsøger de at vise sig eller vise andre, hvad de har gjort. De antyder indirekte, at de var i stand til at få visse velsignelser på grund af deres egne anstrengelser. Det ser ud som om, at de ærer Gud, men rent faktisk roser de sig selv. Satan vil anklage disse mennesker. Og så vil resultatet af deres praleri blive tydeligt. De kan måske komme ud for mange forskellige prøvelser og trængsler, og hvis ingen anerkender dem, vil de måske forlade Gud.

I Romerbrevet 15:2 står der: *"Vi skal hver især tænke vores vores næstes gavn og opbyggelse."* Som sagt skal vi altid tale med tanke på vores næstes opbyggelse og for at så tro og liv i dem. Ligesom vandet bliver renere, når det bliver filtreret, skal vi filtrere vores ord, før vi taler, og tænke på om vores ord vil opbygge eller sårer følelserne hos den, der lytter til os.

At skille sig af med pral med jordisk gods

Selv om folk har mange ting at prale af, kan ingen leve evigt. Efter livet på denne jord vil alle enten komme i himlen eller i helvede. I himlen vil selv de gader, vi går på, være lavet af guld, og rigdommen vil være langt større end i denne verden. Det betyder, at pral med det, vi har nu, er meningsløst. Og selv om et menneske har stor velstand, berømmelse, viden og magt, så kan han vel ikke prale af dem i helvede?

Jesus sagde: *"For hvad hjælper det et menneske at vinde hele verden, men bøde med sit liv? Eller hvad kan et menneske give som vederlag for sit liv? For Menneskesønnen skal komme i sin faders herlighed sammen med sine engle, og da skal han gengælde enhver efter hans gerninger"* (Matthæusevangeliet 16:26-27).

Pral med jordisk gods kan hverken give os evigt liv eller tilfredshed. I stedet give det anledning til meningsløse lyster og fører os mod ødelæggelsen. Når vi indser det og fylder vores hjerter med håb om himlen, vil vi få styrke til at skille os af med pral med jordisk gods. Det svarer til at et barn let kan skille sig af med sit gamle, billige legetøj, når han går noget splinternyt. Da vi kender himmerigets overvældende skønhed, kæmper vi ikke længere for at fastholde tingene i denne verden.

Når vi skiller os af med pral med jordisk gods, vil vi kun prale af Jesus Kristus. Vi vil ikke føle, at der er noget i denne verden, der er værd at prale af, men i stedet vil vi være stolte af den ære, som vi vil nyde til evig tid i himmeriget. Så vil vi blive fyldt med en glæde, som vi ikke har kendt tidligere. Selv om vi måske kan komme ud for vanskelige øjeblikke i vores vandring gennem livet, vil vi ikke føle, at de er så svære. Vi vil kun takke Gud for hans kærlighed og for, at han har givet os sin enbårne søn Jesus til at frelse os. Derfor vil vi hverken føle os opløftede, når vi får ros, eller miste modet, når vi bliver kritiseret. Vi vil i stedet ydmygt ransage os selv, når vi bliver rost, og når vi bliver irettesat vil vi være taknemmelige og arbejde endnu hårdere på at forandre os.

5. Kærligheden bilder sig ikke noget ind

De mennesker, som praler af sig selv, kan let føle, at de er bedre end andre, og blive indbildske. Hvis det går dem godt, tror de, at det er fordi de har gjort et godt stykke arbejde, og de bliver vigtige af sig selv eller dovne. Bibelen fortæller, at en af de former for ondskab, som Gud hader mest, er indbildskhed. Det var også indbildskhed, som fik folk til at bygge Babelstårnet for at konkurrere med Gud, og det var den hændelse, som fik Gud til at give os forskellige sprog.

Karakteristika for indbildske mennesker

Et indbildsk menneske anser ikke andre for at være bedre end ham selv, og han tager afstand fra dem eller ignorerer dem. Sådan et menneske føler sig overlegen i alle aspekter. Han anser kort sagt sig selv for den bedste. Så han ser ned på andre mennesker og forsøger altid at belære dem. Han kan let have en arrogant indstilling overfor de mennesker, som virker til at være mindre værd end ham selv. Til tider ignorerer han ligefrem de mennesker, som har undervist og vejledt ham, eller dem, som har en højere position i forretningsanliggender eller i det sociale hierarki. Han er ikke villig til at tage imod råd, kritik eller vejledning fra hans overordnede. Og så vil han beklage sig og tænke: "Min overordnede sagde kun sådan, fordi han ikke ved noget om det" eller "Jeg ved det hele, og jeg kan gøre et godt stykke arbejde."

Sådan et menneske kan skabe skænderier eller stridigheder

med andre. I Ordsprogenes Bog 13:10 står der: *"Den ryggesløse volder strid med sin frækhed, hos dem, der tager imod råd, er der visdom."*

Og Andet Timotheusbrev 2:23 fortæller os: *"Hold dig fra de tåbelige og hidsige diskussioner; du ved, at de kun fører til stridigheder."* Derfor er det så tåbeligt og forkert at tro, at det kun er en selv, der har ret.

Vi har hver især forskellige former for samvittighed og forskellig viden. Det skyldes, at der er forskel på, hvad vi hver især har set, hørt, oplevet og lært. Men meget af denne viden er forkert, og noget af det er ikke blevet husket rigtigt. Hvis denne viden er blevet hærdet i os under en lang tidsperiode, vil der være dannet selvretfærdighed og tankebygninger. Selvretfærdighed er at insistere på, at det kun er en selv, der har ret, og når den hærder, bliver den til tankebygninger. Folk danner deres tankebygninger på baggrund af deres personlighed eller viden.

Tankebygningerne er ligesom skelettet i menneskekroppen. De danner ens form, og når først de er der, er de vanskelige at ændre på. Det meste af den menneskelige tænkning kommer fra selvretfærdighed og tankebygninger. Et menneske, som har en følelse af mindreværd, er meget sensitiv, hvis andre peger fingre af ham eller beskylder ham for noget. Eller som det koreanske ordsprog siger: Hvis et rigt menneske retter på sit tøj, tror folk omkring ham, at han praler af det. Hvis nogen taler med lange sætninger eller har en vanskeligt ordforråd, vil folk tro, at han praler med sin viden eller ser ned på dem.

Jeg lærte af min grundskolelærer, at Frihedsgudinden står i San Francisco. Jeg kan tydeligt huske, hvordan hun underviste mig med billeder og et kort over USA. I starten af 90'erne tog jeg selv til USA for at lede et vækkelsesmøde. I den forbindelse lærte jeg, at Frihedsgudinden rent faktisk står i New York City.

Jeg var overbevist om, at statuen skulle stå i San Francisco, så jeg kunne ikke forstå, hvorfor den stod i New York. Så jeg spurgte folk omkring mig, og de fortalte mig, at den rent faktisk befandt sig i New York. Da indså jeg, at denne lille brik af viden, som jeg havde troet på var sand, rent faktisk var forkert. På samme måde kan vi tro, at det, vi mener er rigtigt, rent faktisk er forkert. Mange mennesker tror på og fastholder ting, som ikke er rigtige.

Selv om folk tager fejl, så vil de, som er indbildske, ikke indrømme det, men blive ved med at insistere på deres holdninger, og det vil medføre skænderier. Men de, som er ydmyge, vil ikke skændes, selv om den anden tager fejl. Selv om de er 100 % sikre på, at de har ret, vil de stadig tro, at de måske tager fejl, for de har ikke nogen intention om at vinde over den anden i en diskussion.

Det ydmyge hjerte har åndelig kærlighed, som anser andre for bedre. Selv om andre er dårligere stillet, dårligere uddannet eller har mindre social magt, vil vi altid anse andre for bedre af hjertets grund, hvis vi har ydmyge sind. Vi vil anse alle sjæle for at være dyrebare, fordi de er værdige nok til at Jesus har udgydt sit blod for dem.

Kødelig indbildskhed og åndelig indbildskhed

Hvis et menneske udviser usande gerninger såsom at prale, vise sig og se ned på andre, kan han selv let indse denne indbildskhed. Når vi tager imod Herren og lærer sandheden at kende, vil det være let at skille sig af med disse udtryk for kødelig indbildskhed. Derimod kan det være svært at indse den åndelige indbildskhed og skille sig af med den. Så hvad er da åndelig indbildskhed?

Når man har gået i kirke i et betydeligt stykke tid, har man samlet megen viden sammen om Guds ord. Man har måske også fået en titel eller en stilling i kirken, eller er blevet valgt til leder. Så kan man føle, at man har kultiveret meget viden om Guds ord i hjertet, at det er meget betydeligt, og tænke: "Jeg har opnået meget. Jeg må have ret i de fleste tilfælde!" Man kan måske irettesætte, dømme eller fordømme andre med Guds ord, når det er oplagret som viden, og tro at man kan skelne mellem rigtigt og forkert med sandheden. Nogle ledere i kirken søger deres egen gavn og bryder regler eller ordrer, som de ellers burde overholde. Selv om de gør det, tænker de: "Det er i orden, for jeg har en særlig stilling. Jeg er en undtagelse." Men det er udtryk for åndelig indbildskhed.

Hvis vi bekender vores kærlighed til Gud, og samtidig ignorerer hans love og befalinger, så kan trosbekendelsen ikke være sand. Hvis vi dømmer og fordømmer andre, kan det ikke siges, at vi har sand kærlighed. Sandheden fortæller os, at vi kun skal se, høre og sige de gode ting ved andre.

> *Bagtal ikke hinanden, brødre, den, der bagtaler sin broder eller dømmer sin broder, bagtaler loven og dømmer den; men dømmer du loven, er du ikke lovens gører, men dens dommer* (Jakobsbrevet 4:11).

Hvordan har du det, når du opdager andre menneskers svagheder?

Jack Kornfield skiver i sin bog *The Art of Forgiveness, Lovingkindness, and Peace [Kunsten at vise tilgivelse, elskelig venlighed og fred]* om forskellige måder, hvorpå man kan håndtere udygtige handlinger.

"I Babemba-stammen i Sydafrika er det sådan, at når et menneske handler uansvarligt eller uretfærdigt, så placeres han midt i landsbyen, alene og uhindret. Alt arbejde stopper, og alle mænd, kvinder og børn i landsbyen samles i en stor cirkel omkring det anklagede individ. Så taler alle i stammen til den anklagede, en efter en, og genkalder sig hver især de gode ting, som personen i midten af cirkelen har gjort i hele sin levetid. Enhver hændelse, enhver oplevelse, som kan genkaldes med detaljerigdom og præcision, bliver genfortalt. Alle hans positive egenskaber, gode gerninger, styrker og betænksomme handlinger genfortælles omhyggeligt og uden hast. Denne stammeceremoni kan ofte vare flere dage. Til sidst bliver stammens cirkel brudt, en glædesfyldt fejring finder sted, og personen bliver symbolsk og bogstaveligt budt velkommen tilbage til stammen."

Gennem denne proces vil det menneske, som har gjort noget forkert, genvinde sit selvværd og beslutte sig for at bidrage til stammens bedste. Det siges, at der stort set ikke finder forbrydelser sted i deres samfund, takket være denne unikke retssag.

Når vi ser andre menneskers fejl, kan vi tænke over, om vi

dømmer og fordømmer dem, eller om vores barmhjertige hjerte kommer i forvejen. Med dette mål kan vi undersøge, i hvor høj grad vi har kultiveret ydmyghed og kærlighed. Vi bør undersøge os selv konstant, og vi skal ikke være tilfredse med det, vi allerede har opnået, bare fordi vi har været troende i lang tid.

Før man bliver fuldkommen hellig, har man hver især en natur, som tillader indbildskheden at vokse. Derfor er det meget vigtigt at trække den op med rod. Den kan vise sig i ethvert øjeblik, hvis ikke vi skiller os fuldkommen af med den gennem indtrængende bønner. Når man trækker ukrudt op, vil det fortsætte med at vokse, hvis ikke man har fået hele roden med. Og hvis den syndefulde natur ikke er blevet fjernet fuldkommen fra hjertet, kan indbildskheden komme ind i sindet igen, når man har levet i troen i lang tid. Derfor skal vi altid ydmyge os som børn for Herren, anse andre for at være bedre end os selv, og kontinuerligt stræbe efter at kultivere den åndelige kærlighed.

Indbildske mennesker tror på sig selv

Nebukadnesar åbnede guldalderen i det store Babylon. De hængende haver, som er et af antikkens vidundere, blev lavet på hans tid. Han var stolt af sit kongerige og de arbejder, der blev gjort under hans store magt. Han lavede blandt andet en statue af sig selv og fik folket til at tilbede dem. I Daniel Bog 4:27 står der, at kongen sagde: *"Dette er det store Babylon, som jeg med magt og styrke har bygget som kongelig residens for at kaste glans over min herlighed."*

Gud lod ham i sidste ende forstå, hvem det rent faktisk er, som regerer verden (Daniels Bog 4:28-29). Nebukadnesar blev drevet ud af paladset, han åd græs som oksen og levede mellem de vilde dyr i ødemarken i syv år. Hvilken betydning havde hans trone da for ham? Vi kan ikke opnå noget, hvis ikke Gud tillader det. Nebukadnesar fik sin forstand igen efter syv år. Han indså sin indbildskhed og anerkendte Gud. I Daniels Bog 4:34 står der: *"Jeg, Nebukadnesar, lovsynger, ophøjer og ærer nu himlens konge. Alle hans handlinger er rigtige, og hans veje er retfærdige. Den, der vandrer i hovmod, kan han ydmyge."*

Det drejer sig ikke kun om Nebukadnesar. Nogle af de ikke-troende i verden siger: "Jeg tror på mig selv." Men så er det ikke let for dem at overvinde verden. Der er mange problemer, som ikke kan løses med menneskelige evner. Selv den fineste videnskabelige kundskab og teknologi er ubrugelig overfor naturkatastrofer såsom tyfoner, jordskælv og andre uventede ulykker.

Og hvor mange sygdomme kan ikke helbredes selv med moderne medicin? Mange mennesker sætter deres lid til sig selv, i stedet for til Gud, når de står overfor forskellige problemer. De sætter deres lid til deres tanker, oplevelser og viden. Men når det ikke lykkes for dem, og de stadig har det samme problem, beklager de sig til Gud, til trods for at de ikke tror på ham. Det skyldes, at de har indbildskhed i deres hjerte. På grund af den er de ikke i stand til at bekende deres svaghed, og de anerkender ikke Gud med ydmyghed.

Og endnu mere ynkværdigt er det, at nogle af de mennesker, som tror på Gud, sætter deres lid til verden og sig selv, i stedet for til Gud. Gud vil, at hans børn skal trives og leve godt med hans hjælp. Men hvis man ikke er villig til at ydmyge sig overfor Gud på grund af indbildskhed, så kan han ikke hjælpe. For så kan man ikke blive beskyttet overfor djævlen, vores fjende, eller få hjælp til fremgang. Som Gud siger i Ordsprogenes Bog 18:12: *"Menneskehjertets hovmod går forud for ulykke, ydmyghed går forud for ære."* Det, som er skyld i fejlslag og ødelæggelse, er vores egen indbildskhed.

Gud siger, at indbildskheden er tåbelig. Sammenlignet med Gud, som har sin trone i himlen og bruger jorden som fodskammel, er vi små og ubetydelige. Alle mennesker er blevet skabt i Guds billede, og vi er alle lige børn af Gud, uanset om vi har en høj eller en lav stilling. Ligegyldigt hvor mange ting vi kan prale af i denne verden, er livet her på jorden kun et øjeblik. Når dette korte liv afsluttes, vil alle blive dømt af Gud. Og vi vil blive ophøjet i himlen, i overensstemmelse med hvad vi har gjort i ydmyghed på jorden. For Herren vil behandle os, som der står i Jakobsbrevet 4:10: *"Ydmyg jer for Herren, så vil han ophøje jer."*

Vand, som ligger stille i et lille vandhul, vil forsumpe og forrådne, og der vil komme orm i det. Men hvis vandet til stadighed løber ned af bakke, vil det i sidste ende nå ud til havet og give liv til mange levende ting. Lad os på samme måde ydmyge os, sådan at vi kan blive store i Guds øjne.

Karakteristika ved åndelig kærlighed I

1. Den er tålmodig
2. Den er mild
3. Den misunder ikke
4. Den praler ikke
5. Den bilder sig ikke noget ind

6. Kærligheden gør intet usømmeligt

"Manerer" eller "etikette" er den socialt set korrekte måde at opføre sig på, og det drejer sig om indstillingen og adfærden overfor andre. Der findes en kulturel etikette, som har store variationer i vores hverdagsliv, såsom etiketter for samtaler, under et måltid, eller for vores adfærd på offentlige steder som f.eks. i et teater.

Korrekte manerer er en vigtig del af vores liv. En socialt acceptabel adfærd, som er passende for det pågældende sted og lejlighed, vil normalt gøre et positivt indtryk på andre mennesker. Hvis vi omvendt ikke udviser en passende adfærd, men i stedet ignorerer den basale etikette, så kan det skabe en vis uro hos folk omkring os. Og hvis vi siger, at vi elsker andre mennesker, men opfører os usømmeligt over for dem, så vil det være vanskeligt for dem at tro på vores kærlighed.

Merriam-Websters online ordbog definerer "usømmelig" som "ikke i overensstemmelse med den stardart, der er passende i forhold til vedkommende position eller livsbetingelser." Der er dermed også tale om mange forskellige kulturelle etiketter i hverdagssituationer såsom hilsener og samtaler. Til vores overraskelse er der mange mennesker, som ikke er bevidste om, at de handler usømmeligt, selv om de har været uhøflige. Det er særlig nemt for os at opføre os usømmeligt overfor de mennesker, som er tæt på os. Det skyldes, at vi føler os godt tilpas sammen med disse mennesker, og så har vi tendens til at handle uhøfligt og glemme den passende etikette.

Men hvis vi har sand kærlighed, vil vi aldrig handle

usømmeligt. Lad os forestille os, at vi har en meget værdifuld og smuk juvel. Vil vi så håndtere den uden omhu? Nej, vi vil være meget forsigtige og omhyggeligt i vores omgang med den for ikke at ødelægge eller miste den. På samme måde skal man behandle andre mennesker som dyrebare, hvis man virkelig elsker dem.

Der kan være to forskellige situationer, hvor man opfører sig upassende: uhøflighed overfor Gud og uhøflighed overfor mennesker.

At handle usømmeligt overfor Gud

Selv når det drejer sig om mennesker, som tror på Gud og siger, at de elsker Gud, kan vi se på deres handlinger og høre på deres ord, at der er mange af den, som langt fra udviser kærlighed til Gud. For eksempel kan de døse hen under gudstjenesterne, hvilket er en af de mest udbredte grovheder overfor Gud.

Hvis man døser hen under gudstjenesten, er det det samme som at døse hen foran Gud selv. Det ville være ret uhøfligt at falde i søvn foran præsidenten for et land eller bestyrelsesformanden for et stort firma. Så er det ikke langt mere upassende at døse hen foran Gud? Det ville være vanskeligt at fortsætte med at påstå, at man elsker Gud. Eller hvad hvis man mødes med sin elskede og bliver ved med at falde i søvn foran vedkommende? Hvordan kan man så sige, at man for alvor elsker dette menneske?

Hvis man under gudstjenesten har personlige samtaler med dem, der sidder ved siden af, eller hvis man dagdrømmer, så er det også usømmeligt. Denne form for adfærd tyder på, at den troende mangler ærefrygt for og kærlighed til Gud.

Denne adfærd vil desuden påvirke den, der prædiker. Lad os forestille os, at der er en troende, som taler med den, der sidder ved siden af ham, eller at han dagdrømmer eller falder i søvn under prædikenen. Så kan prædikeren begynde at spekulere på, om budskabet mon ikke indeholder tilstrækkelig nåde. Han kan miste Helligåndens inspiration, og vil måske ikke være i stand til at prædike i Åndens fylde. Alle disse handlinger vil i sidste ende være til ulempe for de øvrige troende.

Det samme sker, hvis man forlader kirken midt under gudstjenesten. Der er naturligvis nogle frivillige, som er nødt til at gå ud for at udføre deres pligter og hjælpe under gudstjenesten. Men med undtagelse af disse særtilfælde, er det først passende at bevæge sig rundt, efter at gudstjenesten er afsluttet. Nogle mennesker tænker: "Vi lytter bare til prædikenen", og så forlader de kirken før gudstjenesten er overstået, men det er usømmeligt.

Gudstjenesten kan sammenlignes med brændofferet i det gamle testamente. Når folk gav brændoffer, skar de dyret i stykker og så brændte de alle delene (Tredje Mosebog 1:9).

Det betyder i en nutidig forståelse, at vi skal holde en hel, ordentlig gudstjeneste fra start til slut i overensstemmelse med alle formaliteter og procedurer. Vi skal følge alle sekvenserne i rette orden under gudstjenesten af hele vort hjerte, begynde med en stille bøn og slutte af med velsignelsen eller med Herrens bøn. Når vi synger eller beder, eller når vi giver offergaver eller lytter til meddelelser, skal vi gøre det af hele vores hjerte. Det samme skal vi gøre under enhver slags bønnemøde, lovsigelse eller cellemøde, og ikke kun under de officielle gudstjenester.

For at tilbede Gud af hjertets grund skal vi først og fremmest undgå at komme for sent til gudstjenesterne. Det er ikke passende at komme for sent, når man har aftaler med andre mennesker, så det er endnu mere usømmeligt at komme for sent til et møde med Gud. Gud venter altid i det hellige rum for at tage imod vores tilbedelse.

Så vi skal ikke bare komme lige før gudstjenesten begynder. Det er mere passende at komme tidligere og bede i anger for at forberede sig til gudstjenesten. Desuden er det usømmeligt at bruge mobiltelefoner under gudstjenesten og at lade de små børn løbe omkring og lege. Det er heller ikke sømmelig adfærd at spise tyggegummi eller mad under gudstjenesten.

Den personlige fremtoning under gudstjenesten er også vigtig. Normalt er det ikke passende at komme til kirken i hjemmetøj eller arbejdstøj. Det skyldes, at vores påklædning er en måde, hvorpå vi udtrykker vores ærefrygt og respekt for andre mennesker. De børn af Gud, som for alvor tror, ved hvor dyrebar Gud er. Så når de kommer for at tilbede ham, kommer de i det nydeligste tøj, de har.

Der kan naturligvis være undtagelser. Ved onsdagsgudstjenesten eller ved den nattelange fredagsgudstjeneste kan mange mennesker komme direkte fra deres arbejdssted. Da de skal skynde sig for at nå frem i tide, har de ikke tid til at skifte tøj. I dette tilfælde vil Gud ikke mene, at de opfører sig uhøfligt. Han vil i stedet glæde sig, fordi han mærker duften af deres hjerte, idet de skynder sig for at nå frem til gudstjenesten, selv om de har travlt på deres arbejde.

Gud ønsker at have et kærligt fællesskab med os gennem

gudstjenester og bøn. Disse pligter er obligatoriske for Guds børn. Særligt bønnen er en samtale med Gud. Til tider kan der være nogen, der beder andre om at stoppe midt i deres bøn, hvis der er tale om en hastesag.

Det er det samme som at afbryde, mens andre har en samtale med deres ældre eller overordnede. Når man beder, er det usømmeligt at åbne øjnene og holde op med at bede med det samme, bare fordi der er nogen, der kalder. I dette tilfælde bør man afslutte sin bøn først, og derefter svare.

Hvis vi tilbeder og beder i ånd og sandhed, vil Gud giver os velsignelser og belønninger. Han vil besvare vores bønner hurtigt. Det skyldes, at han modtager duften fra vores hjerter med glæde. Men hvis vi samler til bunke af usømmelige handlinger år efter år, vil det skabe en mur af synd, som vil skille os fra Gud. Selv mellem mand og kone eller mellem forældre og børn vil det give mange problemer, hvis forholdene er uden kærlighed. Det samme gælder i forhold til Gud. Hvis vi har opbygget en mur af synd, som skiller os fra Gud, kan vi ikke blive beskyttet mod sygdomme og ulykker, og vi vil derfor komme ud for en række problemer. Vi vil måske ikke få svar på vores bønner, selv om vi beder i lang tid. Men hvis vi har en passende indstilling i vores tilbedelse og bøn, kan vi løse mange problemer.

Kirken er Guds hellige hus

Kirken er det sted, hvor Gud har bolig. I Salmerne Bog 11:4 står der: *"Herren er i sit hellige tempel, Herrens trone er i himlen."*

I gammeltestamentlig tid var det ikke hvem som helst, der kunne gå ind i helligdommen. Kun præsterne måtte komme derind. Og det var kun én gang om året, at ypperstepræsten kunne komme ind i det Helligste Hellige inden i helligdommen. Men i dag kan hvem som helst ved Herrens nåde komme ind i kirkerummet for at tilbede ham. Det skyldes, at Jesus forløste os fra vores synder med sit blod, som der står i Hebræerbrevet 10:19: *"Brødre, ved Jesus blod har vi altså frimodighed til at gå ind i helligdommen."*

Helligdommen er ikke kun det sted, hvor vi tilbeder. Det er ethvert sted indenfor de grænser, som omgiver kirken, inklusiv kirkegården og de andre faciliteter. Derfor skal vi være omhyggelige med vores ord og handlinger, når vi er i kirken. Vi må ikke blive vrede eller skændes, og vi må ikke tale om verdslige fornøjelser eller forretningsanliggender i kirken. Det samme gælder for upåpasselige handlinger med Guds hellige ting i kirken. Vi skal passe på ikke at skade, ødelægge eller spilde dem.

Det er særlig uacceptabelt at købe eller sælge i kirken. Nu om stunder med internethandlens udvikling er der nogle mennesker, som betaler det, de køber, over internettet i kirken, og får tingene sendt til kirken. Så er der tale om et forretningsanliggende. Vi skal huske, at Jesus væltede vekselerernes borde og uddrev de mennesker, som solgte offerdyr. Han accepterede ikke engang at de dyr, som skulle ofres, blev solgt ved templet. Derfor må vi hverken købe eller sælge noget til personligt brug, når vi er i kirken. Det samme gælder for at afholde basar på kirkegården.

Alle områder i kirken skal bruges til at tilbede Gud og til at have fællesskab med brødre og søstre i Herren. Når vi beder eller har møder i kirken, skal vi være forsigtige med ikke at være ufølsomme overfor kirkens hellighed. Hvis vi elsker kirken, vil vi ikke handle usømmeligt, som der står i Salmernes Bog 84:11: *"For en dag i dine forgårde er bedre en tusind, jeg selv har valgt. At ligge ved tærsklen til min Guds hus er bedre end at bo i ugudeliges telte."*

At handle upassende overfor mennesker

I Bibelen står der, at den, som ikke elsker sin broder, heller ikke kan elske Gud. Hvis vi handler usømmeligt overfor andre mennesker, som er synlige, hvordan kan vi så have den ypperste respekt for Gud, som er usynlig?

"Hvis nogen siger: 'Jeg elsker Gud', men hader sin broder, er han en løgner, for den, der ikke elsker sin broder, som han har set, kan ikke elske Gud, som han ikke har set" (Første Johannesbrev 4:20).

Lad os se på de almindelige usømmelige gerninger i vores dagligliv, for dem kan vi let undgå at lægge mærke til. Hvis vi søger vores egen vinding uden at tænke på andres situationer, så vil der blive begået mange usømmelige gerninger. For eksempel er der også en etikette, vi skal overholde, når vi taler i telefon. Hvis vi ringer sent om aftenen eller om natten, eller hvis vi taler i telefon i lang tid med et menneske, som har travlt, så vil det være til skade for samtalepartneren. Det er ligeledes uhøfligt at komme for sent til en aftale eller besøge nogen uden at have givet besked om det på forhånd.

Man kan måske tænke: "Når vi nu er så tæt på hinanden, er det så ikke ovenud formelt at tænke på disse ting?" Måske har man et virkelig godt forhold, hvor man kender og forstår hinanden. Men det er alligevel vanskeligt at forstå andre menneskers hjerter 100%. Vi kan måske tro, at vi udtrykker vores venskab overfor et andet menneske, men vedkommende kan opfatte det anderledes. Derfor skal vi altid forsøge at se tingene fra den andens synspunkt. Vi skal især være forsigtige med ikke at være uhøflige overfor andre mennesker, hvis de er tæt på os og har det godt i vores selskab.

Ofte kan vi undlade at tænke os om, når vi taler eller handler, og vi kan dermed komme til at såre følelserne hos de mennesker, som er tættest på os. Vi handler uhøfligt overfor familiemedlemmer eller meget nære venner, og det kan i sidste ende være en belastning i forholdene, så de ender med at være dårlige. Der er også nogle ældre mennesker, som behandler yngre og laverestående på en meget upassende måde. De taler til dem uden respekt eller har en befalende indstilling, som får andre mennesker til at føle ubehag.

Men nu om stunder er det vanskeligt at finde mennesker, som af hjertets grund tjener deres forældre, lærere, ældre eller andre, som man bør. Nogle vil måske sige, at verden har forandret sig, men der er også ting, som aldrig forandres. I Tredje Mosebog 19:32 står der: *"Rejs dig for de grå hår, vis ærbødighed mod de gamle. Du skal frygte din Gud. Jeg er Herren!"*

Det er Guds vilje, at vi skal gøre vores pligt overfor andre mennesker. Guds børn skal overholde lov og orden i denne verden for ikke at handle usømmeligt. Hvis vi for eksempel skaber uorden på et offentligt sted, spytter på gaden, eller bryder trafikreglerne, så er det at agere usømmeligt overfor mange mennesker. Vi er kristne, og skal derfor være verdens lys og salt, så vi bør være meget forsigtige med vores ord, handlinger og adfærd.

Kærlighedens lov er den ultimative standart

De fleste mennesker bruger det meste af deres tid sammen med andre; de mødes med dem for at tale sammen, spise sammen eller arbejde sammen med dem. Der er mange former for kulturelle etiketter, som i nogen udstrækning dækker vores dagligliv. Men folk har hver især forskellige grader af uddannelse og forskellige kulturel baggrund alt efter land og race. Så hvilken standart kan vi egentlig bruge i forhold til vores manerer?

Vi kan bruge kærlighedens lov, som er i vores hjerter. Kærlighedens lov henviser til loven fra Gud, som er kærligheden selv. I den udstrækning vi skriver Guds ord ind i vores hjerte og praktiserer det, vil vi nemlig have samme indstilling som Herren og dermed ikke handle usømmeligt. Et andet afgørende træk ved kærlighedens lov er "hensyn".

En mand gik frem gennem den mørke nat med en lampe i hånden. En anden mand kom på samme vej i modsat retning, og da han så manden med lampen, lagde han mærke til, at han var blind. Så han spurgte den blinde, hvorfor han bar rundt på en lampe, når han alligevel ikke kunne se. Den blinde svarede: "Det er for, du ikke skal støde ind i mig. Denne lampe er til dig." Vi kan fornemme, hvad hensyn er ud fra denne historie.

Hensyn til andre har stor kraft til at bevæge andres hjerter, selv om det kan virke som en detalje. De usømmelige gerninger kommer af manglende hensyn, hvilket betyder, at der mangler kærlighed. Hvis vi virkelig elsker andre, vil vi altid være hensynsfulde overfor dem, og vi vil ikke handle usømmeligt.

I en frugthave skal man ikke fjerne alle de mindre gode frugter, for så vil de frugter, der vokser sig frem, tage alle de tilgængelige næringsstoffer, hvilket vil give dem en overdreven tyk skræl og en dårlig smag. Hvis vi ikke tager hensyn til andre, vil vi måske i et øjeblik være i stand til at nyde alle de tilgængelige ting, men derefter vil vi blive usmagelige og tykskrællede mennesker, der er som overnærede frugter.

Som der står i Kolossenserbrevet 3:23: *"Hvad I end gør, gør det af hjertet – for Herren og ikke for mennesker."* Vi skal tjene alle med den yderste respekt på samme måde, som vi tjener Herren.

7. Kærligheden søger ikke sit eget

I denne moderne verden er det ikke vanskeligt at finde selviskhed. Folk søger deres egen vinding og ikke det fælles bedste. I nogle lande bliver der brugt skadelige kemikalier i den pulvermælk, som gives til småbørn. Og nogle mennesker skader i høj grad deres eget land ved at stjæle teknologi, som er vigtig for landet.

På grund af problemet med at det "ikke må være i min baghave", er det vanskeligt for regeringen at bygge offentlige faciliteter såsom lossepladser eller krematorier. Folk tænker ikke på det fælles bedste, men kun på deres eget velbefindende. Selv om ikke alle tilfælde er så ekstreme som disse, kan vi også se mange selviske handlinger i vores hverdagsliv.

Lad os for eksempel forestille os, at nogle kolleger eller venner tager ud for at spise sammen. De skal vælge, hvad de vil spise, og en af dem insisterer på det, han selv har lyst til. En anden går med på det, den første siger, men han har det ikke rigtig godt med det. En tredje spørger altid først de andre, hvad de har lyst til, og så spiser han det med fornøjelse, lige meget om han kan lide det eller ej. Hvilken kategori hører du selv til?

En gruppe af mennesker holder et møde for at forberede et arrangement. De har forskellige muligheder at vælge imellem. En forsøger at overtale de andre, indtil de går med på det, han vil. En anden insisterer ikke i samme grad på egne holdninger, men selv om han udviser en vis grad af modvilje overfor andres idéer, går han alligevel med på dem.

Nogle mennesker lytter altid til det, andre siger. Og selv om deres synspunkter er anderledes end vedkommendes egne, forsøger han at følge dem. De forskellige indstillinger afhænger af, hvor høj grad af kærlighed, den enkelte har i hjertet.

Hvis der er en holdningskonflikt som medfører skænderier eller diskussioner, så skyldes det, at folk søger deres eget og insisterer på deres egne holdninger. Hvis et ægtepar hver især insisterer på deres egne holdninger, vil de konstant have sammenstød, og de vil ikke være i stand til at forstå hinanden. De kan kun opnå fred, hvis de giver sig for hinanden og forstår hinanden, men freden vil blive brudt, hvis de igen fastholder hver deres eget.

Hvis vi elsker et andet menneske, vil vi drage større omsorg for dette menneske end for os selv. Lad os se nærmere på forældrekærlighed. Mange forældre tænker på deres børn, før de tænker på sig selv. Så mødre vil hellere høre, at de har kønne døtre, end at de selv er kønne.

Forældre vil hellere se deres børn spise godt end selv spise lækker mad. De vil hellere give deres børn godt tøj end selv være godt klædt. De vil også gerne have, at deres børn er klogere end dem selv. De ønsker, at deres børn skal blive anerkendt og elsket af andre. Hvis vi udviser denne form for kærlighed overfor vores næste og alle omkring os, vil Gud Fader være godt tilfreds med os!

Abraham søgte andres vinding med kærlighed

Evnen til at lade andres interesse komme forud for vores egne kommer af offerkærlighed. Abraham er et godt eksempel på et menneske, som søgte andres vinding frem for egen.

Da Abraham forlod sin hjemby, tog hans nevø Lot med ham. Lot fik store velsignelser takket være Abraham, og de havde så mange dyr, at der ikke var vand nok til både Abrahams og Lots dyrehold. Til tider kom dyrenes hyrder ligefrem op at skændes.

Abraham ville ikke have, at freden mellem dem blev brudt, så han gav Lot retten til først at vælge hvilken del af jorden, han ville have. Det vigtigste med henblik på dyreholdet er græsset og vandet. Det sted, hvor de opholdt sig, havde ikke nok græs og vand til hele flokken, så at afgive rette til den bedste jord var på sin vis det samme som at afgive det, der var livsvigtigt.

Abraham viste dette store hensyn til Lot, fordi han elskede ham højt. Men Lot forstod ikke for alvor Abrahams kærlighed; han valgte bare den bedste jord, som var Jordandalen, og tog af sted. Havde Abraham det da dårligt med at se, at Lot med det samme uden tøven valgte det, der var bedst for han selv? Nej, slet ikke! Han var glad for at se, at hans nevø tog den bedste jord.

Gud så Abrahams gode hjerte og velsignede ham endnu mere, hvor han end tog hen. Han blev så rig, at han opnåede respekt selv blandt kongerne i området. Som det her illustreres, vil vi bestemt opnå velsignelser fra Gud, hvis vi søger andre menneskers vinding i stedet for vores egen.

Hvis vi giver vores egne ting til vores elskede, vil det være til stor glæde. Det er en form for glæde, som kun kommer til de mennesker, der giver noget dyrebart til dem, de elsker. Jesus havde denne form for glæde. Den største lykke kan opnås, når vi kultiverer den perfekte kærlighed. Det kan være vanskeligt at give til de mennesker, vi ikke bryder os om. Men det er let at give til dem, vi elsker. Så vil vi give med glæde.

At opnå den største lykke

Fuldkommen kærlighed lader os opnå den største lykke. Og for at opnå denne fuldkomne kærlighed ligesom Jesus, må vi tænke på andre, før vi tænker på os selv. I stedet for os selv, skal næsten, Gud, Herren og kirken være vores prioritet, og hvis det er tilfældet, vil Gud tage sig af os. Han vil gøre gengæld med gode ting, når vi søger andres vinding. Og der vil blive lagt himmelske gaver til side til os i Himlen. Derfor siger Gud i Apostlenes Gerninger 20:35: *"Det er saligere at give end at få."*

Der er en ting, som vi her må gøre helt klar: Vi må ikke give os selv helbredsproblemer, fordi vi arbejder trofast for Guds rige langt ud over, hvad vi har fysisk styrke til. Gud vil tage imod vores hjerte, hvis vi forsøger at være trofaste langt ud over vores begrænsninger. Men vores fysiske krop har brug for hvile. Vi bør også tage vare på vores sjæls trivsel ved at bede, faste og lære Guds ord, og ikke kun arbejde for kirken.

Nogle mennesker er til ulejlighed eller skade for deres familie eller andre mennesker, fordi de bruger for megen tid på kirkelige aktiviteter. For eksempel er der nogle mennesker, som ikke kan udføre deres pligter ordentligt, fordi de faster. Nogle studerende kan måske forsømme deres studier for at deltage i søndagsskoleaktiviteterne.

I de ovenstående tilfælde vil de måske tro, at de ikke søger deres eget, fordi de stadig arbejder hårdt. Men det er ikke tilfældet. Til trods for, at de arbejder for Herren, er de ikke trofaste overfor hele Guds hus, og det betyder, at de ikke fuldt ud opfylder deres pligt som Guds børn. I sidste ende søger de kun deres eget.

Så hvad bør vi gøre for at undgå at søge vores egen vinding i forskellige forhold? Vi skal sætte vores lid til Helligånden. Helligånden, som er Guds hjerte, fører os til sandheden. Vi kan kun leve for Guds herlighed, hvis vi gør alt ved Helligåndens vejledning, ligesom apostelen Paulus, der sagde: *"Enten I altså spiser eller drikker, eller hvad I end gør, skal I gøre alt til Guds ære"* (Første Korintherbrev 10:31).

For at være i stand til at gøre som der står ovenfor, skal vi skille os af med ondskaben i vores hjerte. Hvis vi desuden kultiverer den sande kærlighed, vil godhedens visdom komme over os, sådan at vi kan fornemme Guds vilje i enhver situation. Som der står ovenfor, vil alt gå os godt og vi vil være sunde, hvis vores sjæl trives, og så kan vi være trofaste overfor Gud i fuldeste udstrækning. Vi vil også blive elsket af vores naboer og familie.

Når nygifte par kommer for at få min velsignelse, beder jeg altid for, at de vil søge hinandens bedste først. Hvis de begynder at søge deres eget, vil de ikke være i stand til at skabe en fredfyldt familie.

Vi kan søge det bedste for de mennesker, vi elsker, eller som kan give os forskellige fordele. Men hvad med dem, som giver os vanskeligheder og som altid søger deres egen fordel? Og hvad med dem, som skader os eller som ikke kan være til hjælp for os? Hvordan handler vi overfor dem, som handler usandt eller som hele tiden taler med ondskab?

Hvis vi bare undgår disse mennesker eller hvis vi er uvillige til at ofre os for dem, så betyder det, at vi stadig søger vores eget. Vi skal være i stand til at ofre os og vige, selv for de mennesker, som har synspunkter, der er anderledes end vores egne. Først da kan vi bliver anset for at være individer, som har åndelig kærlighed.

8. Kærligheden hidser sig ikke op

Kærligheden gør menneskers hjerter positive. Omvendt kan vrede gøre folks hjerter negative. Vrede skader hjertet og gør det mørkt. Så hvis man bliver vred, kan man ikke dvæle i Guds kærlighed. Den største snare, som den fjendtlige djævel og Satan sætter for Guds børn, er had og vrede.

At lade sig provokere er ikke kun at blive vred, råbe, forbande og blive voldelig. Hvis ens ansigt bliver forvredet eller ansigtsfarven skifter, eller hvis man bliver mere kortfattet, så er det alt samme tegn på, at man har ladet sig provokere. Selv om der er tale om forskellige grad alt efter tilfældet, så er det stadig ydre udtryk for hjertets had og nag. Men omvendt må vi ikke fordømme andre og tro, at de er vrede, bare på grundlag af deres udseende. Det er ikke let for folk at forstå hinandens hjerter præcist.

Jesus uddrev de mennesker, som solgte ting i templet. De handlende havde opstillet borde for at veksle penge eller sælge dyr til de mennesker, som kom til templet i Jerusalem for at holde påske. Jesus var mild: Han skændtes ikke og råbte ikke, og man hørte ikke hans stemme i gaderne. Men ved synet af handlen i templet udviste han en helt anden adfærd end normalt.

Han lavede en pist af et stykke reb og drev får, køer og andre offerdyr ud. Han væltede vekselerernes og duesælgernes borde. Da folk omkring ham så ham opføre sig på denne måde, kan de måske have tænkt, at han var vred. Men der var ikke tale om en vrede, der byggede på negative følelser såsom had. Han følte i stedet en retfærdig indignation. Ved denne retfærdige indignation lod han os indse, at den uretfærdige besudling af Guds tempel ikke kan tolereres. Denne form for retfærdig indignation er et resultat af kærligheden til Gud, som fuldender sin kærligheden med retfærdighed.

Forskellen mellem retfærdig indignation og vrede

I Markusevangeliet kapitel 3 står der, at Jesus helbredte en mand med en vissen hånd i synagogen under sabbatten. Folk iagttog Jesus for at se, om han ville helbrede under sabbatten, sådan at de kunne anklage ham for at bryde helligdagen. Men Jesus kendte allerede deres hjerter og spurgte dem: *"Er det tilladt at gøre noget godt eller at gøre noget ondt på en sabbat, at frelse liv eller at slå ihjel?"* (Markusevangeliet 3:4).

Deres intention blev afsløret, og de havde ikke noget at sige. Jesu vrede var rettet mod deres forhærdede hjerter.

> *Han så rundt på dem med vrede, og bedrøvet over deres forhærdede hjerter sagde han til manden: "Ræk hånden frem!" Han rakte den frem, og hans hånd blev rask igen* (Markusevangeliet 3:5).

På daværende tidspunkt forsøgte onde mennesker at fordømme og dræbe Jesus, som kun gjorde gode gerninger. Så til tider brugte Jesus ret stærke udtryk for at få dem til at forstå og at omvende sig fra ødelæggelsens vej. På samme måde blev Jesu retfærdige indignation udledt af hans kærlighed. Denne indignation kunne til tider vække folk og føre dem til livet. Det er dermed to helt forskellige ting at lade sig provokere eller at være indigneret på retfærdig vis. Først når man er blevet hellig og ikke har nogen synd overhovedet, kan ens irettesættelser og dadel give sjælene liv. Men uden hjertets helliggørelse kan man ikke bære denne form for frugt.

Der er flere forskellige grunde til at folk bliver vrede. For det første er det fordi, folks synspunkter og ønsker er forskellige fra person til person. Vi har hver især forskellig familiebaggrund og uddannelse, så vores hjerter og tanker, og standarten for vores vurderinger adskiller sig fra hinanden. Men folk forsøger at få andre mennesker til at passe til deres egne idéer, og i denne proces kan der ofte opstå nag.

Lad os forestille os, at en mand kan lide salt mad, mens hans kone ikke bryder sig om det. Konen kan sige: "Det er ikke godt for dit helbred med så meget salt. Du burde spise noget mindre af det." Hun giver dette råd af hensyn til mandens sundhed, men hvis manden ikke vil høre på det, bør hun ikke insistere. De bør i stedet finde en måde, hvorpå de begge giver sig for hinanden. Så kan de skabe en lykkelig familie sammen.

For det andet kan et menneske blive vredt, hvis andre ikke lytter til ham. Hvis han er ældre eller har en højere stilling, vil han, at andre skal adlyde ham. Det er naturligvis rigtigt at respektere de ældre og adlyde dem, som har en højere position i hierarkiet, men det er ikke rigtigt for disse mennesker at tvinge andre i lavere stillinger til at adlyde.

Der er tilfælde, hvor et menneske, som har en højere rang, ikke vil lytte til de underordnede overhovedet, men kun vil have dem til ubetinget at adlyde hans ord. I andre tilfælde kan folk blive vrede, hvis de lider tab eller bliver behandlet uretfærdigt. Desuden kan man blive vred over at folk viser modvilje mod en selv uden grund, eller over at tingene ikke bliver gjort sådan som man har bedt om. Endelig kan man blive vred over at folk forbander eller fornærmer.

Når folk bliver vrede, har de på forhånd haft negative følelser i deres hjerter. Andre menneskers ord eller handlinger stimulerer disse følelser. Og til sidst vil de opildnede følelser komme ud som vrede. Det er normalt det første skridt mod vreden at have negative følelser. Vreden lader os ikke hvile i Guds kærlighed og den er en alvorlig hindring for vores åndelige vækst.

Vi kan ikke forandre os selv med sandheden, når vi har negative følelser, så vi må undlade at blive provokeret, og skille os helt af med vreden. I Første Korintherbrev 3:16 står der: *"Ved I ikke, at I er Guds tempel, og at Guds ånd bor i jer?"*

Lad os indse, at Helligånden har taget vores hjerte som tempel, og at Gud altid holder øje med os, så vi skal ikke lade os provokere bare fordi der er noget, der ikke lige stemmer overens med vores egne idéer.

Menneskelig vrede opnår ikke Guds retfærdighed

Elisa fik dobbelt så stor inspiration som sin lærer, Elias, og han udførte flere gerninger med Guds kraft. Han velsignede en ufrugtbar kvinde til at undfange; han genoplivede en død, helbredte spedalske, og overvandt en fjendtlige hær. Han forandrede det udrikkelige vand til godt drikkevand ved at putte salt i det. Ikke desto mindre døde han af sygdom, hvilket er meget sjældent for en af Guds store profeter.

Så hvad kan være årsagen til det? Da Elisa droge op til Betel, kom der en flok små drenge ud fra byen. De gjorde nar af ham, fordi han ikke havde ret meget hår, og hans udseende generelt ikke var fordelagtigt: *"Kom herop, skaldepande, kom herop, skaldepande!"* (Anden Kongebog 2:23).

Der var ikke bare nogle stykker, men en hel flok af drenge som fulgte efter Elisa og hånede ham, og han blev flov. Han forsøgte at rådgive dem og irettesætte dem, men de ville ikke lytte. De var så stædige i deres hån af profeten, at det blev ubærligt for ham.

Betel var afgudsdyrkelsens hjemsted i det nordlige Israel efter at landet var blevet delt. Drengene må havde haft forhærdede hjerter på grund at det afgudsdyrkende miljø, de var opvokset i. De har måske spærret vejen for Elisa, spyttet på ham eller ligefrem smidt sten efter ham. Da Elisa til sidst forbandede dem, kom to hunbjørne ud af skoven og dræbte 42 af drengene.

De var naturligvis selv ude om det, når de hånede et gudeligt menneske langt ud over rigelighedens grænser, men det beviser, at Elisa havde negative følelser. Og dette har relation til det, at han senere døde af sygdom. Så vi kan se, at det ikke er rigtigt for Guds børn at lade sig provokere. *"For et menneskes vrede udretter intet, der er retfærdigt for Gud"* (Jakobsbrevet 1:20).

Man skal ikke lade sig provokere

Så hvad skal vi gøre for ikke at blive vrede? Skal vi undertrykke vreden med selvkontrol? Hvis vi presser en fjeder hårdt sammen, så vil den samle stor kraft og springe op i samme øjeblik, vi flytter hånden. Det er det samme med vrede. Hvis vi bare undertrykker den, vil vi måske være i stand til at undgå konflikter i nogen tid, men i sidste ende vil vreden eksplodere. Derfor skal vi skille os af med selve følelsen af vrede for ikke at lade os provokere. Vi skal ikke bare undertrykke den, men i stedet forandre vores vrede til godhed og kærlighed, sådan at vi ikke vil have behov for at undertrykke noget som helst.

Vi kan naturligvis ikke skille os af med alle de negative følelser og erstatte dem med godhed og kærlighed på et øjeblik. Vi må forsøge at gøre det konstant dag efter dag. Først vil vi være nødt til at overlade de provokerende situationer til Gud og vores tålmodige. Det siges, at der i et studie af Thomas Jefferson, USA's tredje præsident, står: "Når du er vred, skal du tælle til ti, før du taler; Hvis du er meget vred, skal du tælle til hundrede." Og et koreansk ordsprog siger: "Hvis man har tålmodighed tre gange, vil det stoppe et mord."

Når vi er vrede, skal vi holde os tilbage og tænke over hvilken form for gavn, det vil gøre os at udtrykke vreden. Så vil vi undlade at gøre noget, som vi senere vil fortryde eller skamme os over. Når vi forsøger at være tålmodige gennem bøn og ved Helligåndens hjælp, vil vi hurtigt kunne skille os af med de onde følelser af vrede. Hvis vi tidligere blev vrede ti gange, vil antallet blive reduceret til ni gange, og derefter til otte, osv. Efterhånden vil vi kun opleve fred, selv i provokerende situationer. Hvor vil vi så være glade!

I Ordsprogenes Bog 12:16 står der: *"Den dumme giver straks udtryk for sin ærgrelse, den kløgtige skjuler skændslen."* Og i Ordsprogenes Bog 19:11: *"Et menneskes klogskab får ham til at holde igen på vreden, han sætter en ære i at bære over med overtrædelser."*

Vrede ligger meget tæt på fare. Det er vigtigt, at vi indser, hvor farlig vreden er. Den endegyldige sejr vil gå til den, som holder ud. Nogle mennesker udviser selvkontrol i kirken, selv i situationer, som normalt ville gøre dem vrede, men derhjemme, i skolen eller på arbejdspladsens lader de vreden løbe af med dem. Men Gud er ikke kun i kirken!

Han ved, hvor vi går og står, han holder øje med hvert et ord, vi siger, og hver tanke, vi tænker. Han iagttager os over alt, og Helligånden tager bolig i vores hjerter. Derfor skal vi leve et hvert øjeblik, som om vi stod overfor Gud.

Et bestemt ægtepar var engang oppe at skændes, og den vrede mand råbte af sin kone for at få hende til at tie stille. Hun blev så chokeret, at hun aldrig mere talte, og hun forblev tavs indtil døden. Manden, som havde ladet temperamentet løbe af med sig, var ligesom kvinden meget forpint. Det kan skabe lidelser for mange mennesker at lade sig provokere, så vi skal stræbe mod at skille os af med alle former for negative følelser.

9. Kærligheden bærer ikke nag

Gennem mit virke som pastor har jeg mødt mange forskellige mennesker. Nogle mennesker mærker Guds kærlighed bare ved at tænke på ham og det kalder tårerne frem i øjnene på dem. Andre er dybt fortvivlede, fordi de ikke for alvor mærker Guds kærlighed, selv om de tror på ham og elsker ham.

Om vi mærker Guds kærlighed afhænger af i hvor høj grad, vi skiller os af med synder og ondskab. I den udstrækning vi lever ved Guds ord og skiller os af med ondskaben i vores hjerter, kan vi mærke Guds kærlighed dybt i vores hjerte, og vi vil ikke have noget ophold i udviklingen af vores tro. Vi kan til tider opleve vanskeligheder i troens march, men i disse øjeblikke husker vi Guds kærlighed, som venter os til hver en tid. Så længe vi husker hans kærlighed, vil vi ikke bære nag.

At bære nag

I bogen *Healing Life's Hidden Addictions* [Helbredelse af livets skjulte afhængigheder] fortæller Dr. Archibald D. Hart, som er tidligere dekan for Psykologiskolen ved Fuller Teologiske Seminar, at en ud af fire unge mennesker i Amerika lider af alvorlig depression, og at depression, stoffer, sex, internet, alkohol og rygning ødelægger de unge menneskers liv.

Når misbrugerne holder op med at bruge stoffer, som ændrer deres tænkning, følelser og adfærd, har de kun ganske ringe evner til at håndtere tilværelsen. De kan derfor begynde på andre former for misbrug, som manipulerer hjernens kemi for at undslippe deres situation. Dette misbrug kan for eksempel være sex, kærlighed og parforhold (sex, love and relationship, SLR). De er ikke i stand til at opnå sand tilfredsstillelse, og kan heller ikke mærke den nåde og glæde, som kommer fra at have et forhold til Gud, så der er ifølge Dr. Hart tale om en alvorlig tilstand. Misbrug er et forsøg på at opnå tilfredsstillelse fra andre ting end Guds nåde og glæde, og resultatet er at Guds ignoreres. En misbruger vil derfor grundlæggende bære nag hele tiden.

Så hvad er det at bære nag? Det henviser til alle onde ting, som ikke er i overensstemmelse med Guds vilje. De onde tanker kan generelt kategoriseres på tre måder.

Den første er at tænke, at man ønsker tingene går galt for andre mennesker.
Lad os for eksempel forestille os at skænderi mellem to mennesker. De kan blive så vrede på hinanden, at de tænker: "Jeg ville ønske, han ville falde og slå sig." Eller lad os forestille os to naboer, som har et dårligt forhold, og den ene har et uheld. Så vil den anden tænke: "Det har han godt af!" eller "Jeg tænkte nok, det ville gå sådan." Hvis der er tale om studerende, kan en bestemt studerende ønske, at det skal gå en anden dårligt til eksamen.

Hvis man for alvor har kærlighed i sig, vil man aldrig tænke sådan. Ville du ønske, at en af dine kære blev syge eller kom ud for en ulykke? Nej, man ønsker altid at ens kære kone eller mand skal være sund og rask, og at vedkommende skal undgå ulykker. Men da vi ikke har kærlighed i vores hjerter, ønsker vi til tider, at tingene skal gå galt for andre, og vi glæder os over andres ulykke.

Hvis vi ønsker at kende til andre menneskers overtrædelser eller svage punkter, fordi vi gerne vil sladre om den, så har vi ikke kærlighed. Lad os forestille os, at vi tager til et møde, og at nogen siger noget grimt om et andet menneske. Hvis du er interesseret i at lytte til denne samtale, så bør du undersøge dit hjerte. Hvis der var nogen, der bagtalte dine forældre, ville du så have lyst til at fortsætte med at lytte til det? Nej, du ville bede dem om straks at holde op.

Der er naturligvis tilfælde, hvor man er nødt til at kende andre menneskers situation med henblik på at hjælpe dem. Men hvis det ikke er tilfældet, og du alligevel er interesseret i at høre negative ting om andre, så skyldes det, at du ønsker at bagtale dem og sladre om dem. *"Den, der dækker over en overtrædelse, tilstræber venskab, den, der fortæller sagen videre, skiller venner"* (Ordsprogenes Bog 17:9).

De mennesker, som er gode og har kærlighed i deres hjerter, vil forsøge at dække over andres fejl. Hvis vi har åndelig kærlighed, vil vi heller ikke blive jaloux eller misundelige, hvis der er andre, der klarer sig godt. Vi vil bare ønske, at det fortsat må gå dem på samme vis, og at andre vil elske dem. Herren Jesus sagde, at vi skal elske selv vores fjender. Og i Romerbrevet 12:14 står der: *"Velsign dem, der forfølger jer, velsign, og forband ikke."*

Det andet aspekt af onde tanker er fordømmende og dømmende tanker.

Lad os for eksempel forestille os, at vi så en anden troende gå et sted hen, hvor troende ikke bør komme. Hvad ville vi så tænke? I den udstrækning vi selv har ondskab i os, vil vi nok tænke negativt om ham i stil med: "Hvordan kan han gøre det?" Eller hvis vi har nogen grad af godhed, vil vi måske undre os og tænke: "Hvorfor går han mon der hen?", og så vil vi ændre vores indstilling og tænke på, at han sikkert har en god grund til det.

Men hvis man har åndelig kærlighed i hjertet, vil man slet ikke have onde tanker. Selv om man hører om noget, der ikke er godt, vil man ikke dømme og fordømme andre uden at undersøge sagen en ekstra gang. Hvordan reagerer forældre i de fleste tilfælde, når de hører noget dårligt om deres børn? De accepterer det ikke uden videre, men insisterer på, at deres børn aldrig ville gøre sådan. Og så tænker de, at den person, som viderebringer disse ting, handler forkert. På samme måde vil man altid forsøge at tænke det bedste om andre mennesker, hvis man virkelig elsker dem.

Men nu om stunder er det let at finde mennesker, som tænker ondt om andre og siger grimme ting om dem. Det sker ikke kun i personlige forhold. Folk i offentlige stillinger kritiseres også konstant.

Folk forsøger ofte slet ikke at danne sig et overblik over, hvad det egentlig er, der sker, men de udbreder alligevel de ubegrundede rygter. Der er endda nogle mennesker, som begår selvmord på grund af aggressive kommentarer på internettet. Folk dømmer og fordømmer andre ud fra deres egen standart og ikke med Guds ord. Men hvad er Guds vilje?

Jakobsbrevet 4:12 advarer os: *"Der er kun én, der er lovgiver og dommer, det er ham, som kan frelse og lade gå fortabt; men du, hvem er du, som dømmer din næste?"*

Kun Gud kan for alvor dømme. Gud fortæller os nemlig, at det er ondt at dømme vores naboer. Lad os antage, at nogen gør noget, der tydeligvis er forkert. I denne situation er det ikke afgørende for dem, som virkelig har åndelig kærlighed, om vedkommende har gjort det rigtige eller det forkerte. De vil nærmere tænke over, hvad der er gavnligt for dette menneske. De ønsker kun, at vedkommendes sjæl skal trives og at han skal elskes af Gud.

I denne situation vil man med fuldkommen kærlighed ikke kun dække over overtrædelsen, men også hjælpe det andet menneske med at angre. Vi bør være i stand til at belære med sandheden og bevæge den andens hjerte, sådan at han kan gå den rette vej og forandre sig. Hvis vi har fuldkommen åndelig kærlighed, vil det ikke være vanskeligt for os at betragte personen med godhed. Det vil være naturligt for os at elske selv dem, som begår mange overtrædelser. Vi vil have lyst til at stole på ham og hjælpe ham. Hvis vi ikke har nogen dømmende og fordømmende tanker om andre, vil vi have det godt med hvem som helst, vi møder.

Det tredje aspekt er alle de tanker, som ikke stemmer overens med Guds vilje.

Det er ikke kun ondt at tænke onde tanker om andre, men i det hele taget at tænke tanker, som ikke stemmer overens med Guds vilje. I denne verden siges det, at folk, som handler efter den moralske standart, som deres samvittighed byder, lever i godhed.

Men hverken moral eller samvittighed kan være den absolutte standart for godhed. Begge dele kan indeholde mange ting, som står i modstrid til Guds ord. Så kun Guds ord kan være den endegyldige standart for godhed.

De mennesker, som tager imod Herren, bekender, at de er syndere. Folk kan måske være stolte over, at de lever gode og moralske liv, men rent faktisk er de stadig onde, og de er stadig syndere ifølge Guds ord. Det skyldes, at alt, hvad der ikke er i overensstemmelse med Guds ord, er ondskab og synd, for Guds ord er den eneste endegyldige standart for godhed (Første Johannesbrev 3:4).

Så hvad er forskellen på synd og ondskab? I bredeste forstand er både synd og ondskab usandheder, der er i modstrid med sandheden, som er Guds ord. De er mørke, som er modsætningen til Gud, som er lys.

Men hvis man går ind i de nærmere detaljer, er der stor forskel. Hvis man sammenligner med et træ, er "ondskab" ligesom roden, som er i jorden og derfor ikke kan ses, mens "synd" er ligesom grenene, bladene og frugterne.

Uden rod kan et træ ikke have hverken grene, blade eller frugter. På samme måde bliver synden en realitet på grund af ondskaben. Ondskaben er en del af den natur, der er i hjertet. Denne natur er imod Guds godhed, kærlighed og sandhed. Og når den manifesteres i en specifik form, er der tale om synd.

Jesus sagde: *"Et godt menneske tager gode ting frem af sit hjertes gode forråd, og et ondt menneske tager onde ting frem af sit onde forråd. For hvad hjertet er fuldt af, løber munden over med"* (Lukasevangeliet 6:45).

Lad os forestille os at et menneske siger noget, som sårer en anden, han ikke bryder sig om. Så er der tale om, at ondskaben i hans hjerte manifesteres som "had" og "onde ord", hvilket er specifikke synder. En synd realiseres og specificeres i overensstemmelse med en standart, der kaldes Guds ord, hvilket er hans bud.

Uden en lov vil det ikke være muligt at straffe nogen, for der vil ikke være nogen standart, som man kan bruge til at skelne og dømme. På samme måde kan synden identificeres, fordi den er imod den standart, som fastsættes af Guds ord. Synderne kan kategoriseres som enten "det kødelige" eller "kødets gerning." Det kødelige er synder, som begås i hjertet eller tankerne såsom had, misundelse, jalousi og utroskab i sindet, hvorimod kødets gerninger er synder, som udføres i handlinger såsom skænderier, raserianfald eller mord.

Det kan i nogen grad sammenlignes med verdslige synder og kriminalitet, som også kategoriseres i forskellige grupper. Det kan for eksempel afhænge af, hvem forbrydelsen går ud over – et land, et folk eller et individ.

Men selv om et menneske har ondskab i hjertet, er det ikke sikkert, at han vil synde. Hvis han lytter til Guds ord og har selvkontrol, kan han undgå at synde, selv om han har ondskab i hjertet. På dette stadie vil han måske være tilfreds og tro, at han allerede har opnået hellighed, bare fordi han ikke begår nogen åbenlyse synder.

Men for at blive fuldkommen hellige skal vi dog skille os af med den ondskab, som ligger i vores natur, dybt i vores hjerter. Vores natur indeholder ondskab, som vi har arvet fra vores forældre. Den kommer som regel ikke til udtryk under almindelige forhold, men kan komme op til overfladen i ekstreme situationer.

Der er et koreansk ordsprog, som siger, at "alle vil hoppe over hegnet til naboen, hvis de har sultet i tre dage." Det har samme betydning som "nødvendigheden kender ingen love." Indtil vi opnår fuldkommen hellighed, kan den ondskab, som ligger skjult i os, vise sig under ekstreme forhold.

Selv om fluernes ekskrementer er meget små, er de stadig ekskrementer. På samme måde er alle de ting, som ikke er fuldkomne i Guds øjne, stadig former for ondskab, selv om de måske ikke er synder. Derfor står der i Første Thessalonikerbrev 5:22: *"Hold jer fra det onde i enhver skikkelse!"*

Gud er kærlighed. Grundlæggende set kan Guds bud kondenseres ned til "kærlighed". Det er nemlig ondskab og lovløshed ikke at elske. Når vi skal undersøge, om vi bærer nag, kan vi derfor tænke over, hvor stor kærlighed, vi rummer. I den udtrækning vi elsker Gud og andre sjæle, vil vi ikke bære nag.

> *Og dette er hans bud, at vi skal tro på hans søns, Jesu Kristi, navn og elske hinanden, som han har påbudt os* (Første Johannesbrev 3:23).

> *Kærligheden gør ikke næsten noget ondt. Kærligheden er altså lovens fylde* (Romerbrevet 13:10).

Ikke at bære nag

For ikke at bære nag må vi først og fremmest undlade at se og høre onde ting. Og selv om vi skulle komme til at se eller høre dem, så må vi forsøge ikke at huske på dem eller tænke over dem. Vi må ikke fastholde dem i hukommelsen. Til tider er det naturligvis ikke muligt for os at kontrollere vores tanker. En bestemt tanke kan opstå med stor styrke, hvis vi forsøger ikke at tænke den. Men hvis vi bliver ved med at bede om ikke at have nogen onde tanker, vil Helligånden hjælpe os. Vi må aldrig overlagt se, høre eller tænke noget ondt, og desuden bør vi skille os af med selv de tanker, som kun dukker op i vores sind i et kort glimt.

Vi må heller ikke deltage i nogen former for onde gerninger. Der står i Andet Johannesbrev 1:10-11: *"Hvis nogen kommer til jer og ikke fører denne lære, så tag ikke imod ham i jeres hus, og byd ham ikke velkommen; for den, der byder ham velkommen, gør sig delagtig i hans onde gerninger."* Gud advarer os om at undgå ondskaben og undlade at tage imod den.

Mennesker arver den syndefulde natur fra deres forældre. Mens folk lever på denne jord, kommer de i kontakt med mange usandheder. De udvikler deres personlige karakter eller "selv" baseret på den syndefulde natur og verdslige usandheder. Et kristent liv er at skille sig af med både den syndefulde natur og usandhederne fra det øjeblik, man tager imod Herren. For at gøre det, har vi brug for stor tålmodighed og mange anstrengelser. Da vi lever i denne verden, har vi bedre kendskab til usandheden end til sandheden. Det er relativt nemmere at tage imod usandhederne og gøre dem vil en del af os, end at skille os af med dem. Det kan sammenlignes med, at det er let at plette en hvid kjole med sort blæk, men det er meget vanskeligt at fjerne pletten og få kjolen fuldkommen hvid igen.

Selv om noget virker til at være en meget begrænset ondskab, kan den udvikle sig til noget stort på et øjeblik. Som der står i Galaterbrevet 5:9: *"Den mindste smule surdej gennemsyrer hele dejen."* Selv den mindste ondskab kan brede sig til mange mennesker meget hurtigt. Derfor skal vi være forsigtige med selv den mindste lille ondskab. Hvis vi skal være i stand til ikke engang at tænke på ondskaben, skal vi hade den uden overhovedet at tænke over det. Gud befaler os: *"I, der elsker Herren, skal hade det onde"* (Salmernes Bog 97:10), og belærer os: *"At frygte Herren er at hade det onde"* (Ordsprogenes Bog 8:13).

Hvis man elsker nogen lidenskabeligt, vil man synes om det, som vedkommende synes om, og man vil ikke kunne lide de ting, som personen ikke bryder sig om. Der behøver ikke være nogen grund til det. Når Guds børn, som har fået Helligånden, begår synder, vil Helligånden i dem klage sig. Så de vil føle en form for bedrøvelse i deres hjerter. Når de indser, at Gud hader de ting, de har gjort, vil de forsøge ikke at synde igen. Det er vigtigt at forsøge at skille sig af med selv de mindste former for ondskab og ikke at accepterer ondskaben under nogen former.

Guds ord og bøn i rigelighed

Ondskab er sådan en nytteløs ting. I Ordsprogenes Bog 22:8 står der: *"Den, der sår uret, høster ulykke."* Sygdomme kan ramme os eller vores børn, og vi kan komme ud for ulykker. Vi lever måske i sorg på grund af fattigdom eller familiære problemer. Alle disse ting kommer i sidste ende af ondskab.

Far ikke vild! Gud lader sig ikke spotte. Hvad et menneske sår, skal det også høste (Galaterbrevet 6:7).

Problemerne vil naturligvis ikke altid dukke op lige med det samme. I nogle tilfælde vil ondskaben blive samlet sammen i en sådan grad, at den ligefrem kan skabe problemer for vores børn på et senere tidspunkt. Da verdslige mennesker ikke forstår disse regler, kan de gøre mange forskellige onde ting.

For eksempel kan de mene, det er normalt at tage hævn over de mennesker, som har gjort dem noget ondt. Men i Ordsprogenes Bog 20:22 står der: *"Sig ikke: 'Jeg vil gengælde ondt,' men sæt dit håb til Herren, han vil hjælpe dig."*

Gud kontrollerer menneskehedens liv, død, lykke og ulykke i overensstemmelse med retfærdigheden. Så hvis vi gør det gode ifølge Guds ord, vil vi helt sikker høste godhedens frugter. Det bliver vi lovet i Anden Mosebog 20:6, hvor der står: *"Men dem, der elsker mig og holder mine befalinger, vil jeg vise godhed i tusind slægtled."*

For at holde os fra ondskaben må vi hade den. Og vi må desuden konstant have rigeligt af to ting: Guds ord og bøn. Når vi mediterer over Guds ord dag og nat, kan vi uddrive de onde tanker og have åndelige og gode tanker. Vi kan forstå, hvilke former for handlinger, der demonstrerer den sande kærlighed.

Når vi beder, mediterer vi også endnu grundigere over ordet, sådan at vi kan indse ondskaben i vores ord og handlinger. Når vi beder ofte med Helligåndens hjælp, kan vi kontrollere det onde og rense det ud fra vores hjerter. Lad os hurtigt skille os af med ondskaben med Guds ord og bøn, sådan at vi kan leve vores liv i fuld lykke.

10. Kærligheden finder ikke sin glæde i uretten

Jo mere udviklet et samfund er, jo større chance er der for at ærlige mennesker vil have succes. Omvendt har de mindre udviklede lande større korruption, og man kan opnå næsten hvad som helst med penge. Korruption kaldes nationernes sygdom, og den har relation til landets velstand. Korruption og uretfærdighed påvirker i høj grad det individuelle liv. Selviske mennesker kan ikke opnå sand tilfredsstillelse, hvis de kun tænker på sig selv, for de kan ikke elske andre.

Ikke at finde sin glæde i uretten og ikke at bære nag er dyder, der ligner hinanden meget. Ikke at bære nag betyder at man ikke har nogen form for ondskab i hjertet. Og ikke at finde sin glæde i uretten betyder at man ikke glæder sig over skammelig og skændig opførsel og adfærd, og at man heller ikke deltager i dem.

Lad os forestille os, at man er jaloux på en bekendt, som er velhavende. Man føler modvilje mod han, fordi det virker som om, han altid praler med sin velstand. Så tænker man noget i stil med: "Han er rig, men hvad med mig? Jeg håber, han går bankerot." Det er ondt at tænke på denne måde. Men en dag er der nogen, der bedrager ham, og hans firma går bankerot. Hvis man glæder sig over det og tænker: "Det har han rigtig godt af, for han pralede af sin velstand!", så er der tale om at man finder sin glæde i uretten. Hvis man desuden deltager i disse gerninger, så tager man aktivt del i uretfærdigheden.

Der er en generel form for uretfærdighed, som selv de ikke-troende opfatter som uretfærdighed. Det kan for eksempel være, at folk skaber velstand på uærlig vis ved at snyde eller true andre mennesker. De bryder måske landets love og regler, eller tager noget i bytte for personlig vinding. Hvis en dommer afsiger en urimelig dom efter at have modtaget bestikkelse, og en uskyldig mand dermed bliver straffet, så er det uretfærdigt i alles øjne. Det er misbrug af autoriteten som dommer.

Når man sælger noget, kan man snyde med volumen eller kvalitet. Man kan bruge billige og dårlige råmaterialer for at opnå en uretmæssig profit. Nogle mennesker tænker ikke på andre, men kun på egen kortsigtede vinding. De ved, hvad der er rigtigt, men tøver ikke med at bedrage andre, fordi de glæder sig over de uretfærdige penge. Der er rent faktisk mange, som snyder andre med henblik på uretmæssig vinding. Men hvad med os selv? Kan vi sige, at vi er rene?

Lad os antage, at der er sket det følgende: Du er almindelig arbejder, og du har fået kendskab til at en af dine nærmeste venner tjener mange penge på en illegal forretning. Hvis han bliver taget i det, vil han blive straffet hårdt, og han giver dig et stort beløb for ikke at sige noget, men i stedet ignorere sagen i et stykke tid. Han siger, at han vil give dig et endnu større beløb senere. Samtidig opstår der en nødsituation i familien, og du har behov for mange penge for at løse den. Hvad ville du gøre?

Lad os forestille os en anden situation. En dag kigger du i din bankkonto, og du har flere penge end du burde have. Du finder ud af, at de penge, som burde være blevet overført for at betale skatten, ikke er blevet trukket. Hvordan ville du reagere i dette tilfælde?

Ville du glæde dig og tænke, at det var deres egen fejl og ikke dit ansvar?

I Anden Krønikebog 19:7 står der: *"Lad jer nu styre af frygt for Herren. På på, hvad I gør! For hos Herren vor Gud er der ingen uret; han er ikke partisk og lader sig ikke bestikke."* Gud er retfærdig; han har ikke nogen uretfærdighed overhovedet. Vi kan måske skjule os fra andre menneskers øjne, men vi kan ikke bedrage Gud. Så med frygt for Gud skal vi gå den rette vej i ærlighed.

Lad os se nærmere på Abraham. Da hans nevø i Sodoma blev fanget i krigen, bragte Abraham ikke kun nevøen tilbage, men også alle de mennesker, der var blevet fanget og alle deres egendele. Kongen i Sodoma ville vise Abraham sin påskønnelse ved at give ham nogle af de ting, han havde bragt tilbage, men Abraham ville ikke tage imod noget.

> *Men Abram svarede Sodomas konge: "Jeg løfter min hånd til Herren, Gud den Højeste, skaberen af himmel og jord: Jeg vil ikke have så meget som en tråd eller en sandalrem! Du skal ikke kunne sige: Jeg har gjort Abram rig!"* (Første Mosebog 14:22-23).

Da Abrahams kone Sara døde, tilbød ejeren af begravelsespladsen ham jorden gratis, men det ville han ikke tage imod. Han betalte en retfærdig pris. Det gjorde han for, at der fremover ikke skulle være nogen diskussioner om jorden. Han gjorde tingene på denne måde, fordi han var et ærligt menneske. Han ønskede ikke at få nogen ufortjent vinding eller uretfærdig profit. Hvis han havde søgt rigdom, kunne han bare have gjort det, der var mest fordelagtigt for ham.

De mennesker, som elsker Gud og er elsket af Gud, vil aldrig skade nogen eller søge egen vinding ved at bryde landets lov. De forventer ikke mere end det, de har gjort sig fortjent til gennem deres ærlige arbejde. De, som finder deres glæde i uretten, har ikke kærlighed til hverken Gud eller deres næste.

Uretfærdighed i Guds øjne

Uretfærdighed i Herren er lidt anderledes end uretfærdighed i generel sammenhæng. Det er ikke alene at bryde loven og at skade andre, men hvad som helst, som er imod Guds ord. Når det onde hjerte kommer til syne i en specifik form, er det synd, og det er uretfærdighed. Uretfærdigheden er en særlig form for synd, som henviser til kødets gerninger.

Had, misundelse, jalousi og andre former for ondskab i hjertet manifesteres i handlinger såsom skænderier, strid, vold, svindel og mord. Bibelen fortæller os, at hvis vi gør det uretfærdige, vil det være vanskeligt for os at blive frelst.

I Første Korintherbrev 6:9-10 står der: *"Ved I ikke, at uretfærdige ikke skal arve Guds rige? Far ikke vild! Hverken utugtige eller afgudsdyrkere eller ægteskabsbrydere eller mænd, der ligger i med mænd, eller tyve eller griske mennesker, ingen drukkenbolte, ingen spottere, ingen røvere skal arve Guds rige."*

Akan var et af de mennesker, som elskede uretfærdigheden, og det resulterede i hans ødelæggelse. Han var af anden generation efter flugten fra Egypten, og siden barndommen havde han set og hørt om de ting, Guds havde gjort for hans folk. Han så skysøjlen om dagen og søjlen af ild om natten, som ledte deres vej. Han så, hvordan den rivende Jorden flod stoppede, og den uindtagelige by Jeriko faldt på et øjeblik. Han kendte også udmærket lederen Josvas befaling om at ingen måtte tage nogen af de ting, der var i Jeriko, for de skulle alle sammen ofres til Gud.

Men da han så de ting, der var i byen Jeriko, mistede han sin fornuft på grund af grådighed. Han havde i lang tid levet et meget simpelt liv i ødemarken, og alle tingene i byen forekom ham smukke. Da han så en smuk kappe, sølvmønter og en guldbarre, glemte han Guds ord og Josvas befaling, og stak dem til side til sig selv.

På grund af denne synd, hvor Akan brød Guds befaling, fik Israel mange sårede og døde i det efterfølgende slag. Akans uretfærdighed blev afsløret gennem disse tab, og både han og hans familie blev stenet til døde. Stenene dannede en stor stendynge og dette sted kaldes Akors dal.

Lad os også nærlæse Fjerde Mosebog kapitel 22-24. Bileam var et menneske, som kunne kommunikere med Gud. En dag bad Moabs konge Balak ham om at forbande israelitterne. Men Gud sagde til Bileam: *"Du må ikke gå med dem! Du må ikke forbande folket, for det er velsignet"* (Fjerde Mosebog 22:12).

Da Bileam hørte Guds ord, nægtede han at gøre det, som Moabs konge bad ham om. Men da kongen sendte ham guld, sølv og mange andre skatte, blev hans overbevisning rokket. Til sidst blev hans øjne forblindet af skattene, og han viste kongen, hvordan han kunne sætte en fælde op for israelitterne. Hvad var resultatet? Israelitterne spiste kød, som havde været ofret til afguder, og de begik hor, hvorved de påførte sig store trængsler, og Bileam blev i sidste ende dræbt ved sværdet. Det var resultatet af kærligheden til uretmæssig vinding.

Uretfærdigheden er direkte relateret til frelsen i Guds øjne. Hvis vi ser brødre eller søstre i troen som handler uretfærdigt på samme måde som de verdslige ikke-troende, hvad skal vi så gøre? Vi skal naturligvis sørge over dem, bede for dem og hjælpe dem med at leve i overensstemmelse med ordet. Men nogle troende er misundelige på disse mennesker og tænker: "Jeg vil også leve et lettere og mere behageligt kristent liv ligesom dem." Hvis man handler ligesom dem, kan det ikke påstås, at man elsker Herren.

Jesus, som var uskyldig, døde for at bringe os til Gud, selv om vi er uretfærdige (Første Petersbrev 3:18). Når vi indser Herrens store kærlighed, må vi aldrig mere finde vores glæde i uretten. De mennesker, som ikke finder deres glæde i uretten, sørger ikke kun for at undgå at deltage i uretfærdigheden, men lever også aktivt ved Guds ord. Så kan de blive Herrens venner og leve i fremgang og trivsel (Johannesevangeliet 15:14).

11. Kærligheden glæder sig ved sandheden

Johannes, en af Jesu tolv disciple, blev frelst fra martyriet og levede indtil han døde af alderdom. Han udbredte budskabet om Jesus Kristus og Guds vilje til mange mennesker. En af de ting, der glædede ham i de sidste år, var at høre, at de troende forsøgte at leve efter Guds ord, sandheden.

Han sagde: *"For jeg blev meget glad, da der kom brødre, som vidnede om din sandhed, at du lever i sandheden. Jeg har ingen større glæde end at høre, at mine børn lever i sandheden"* (Tredje Johannesbrev 1:3-4).

Vi kan fornemme hans glæde gennem udtrykket "Jeg blev meget glad." Han havde haft et voldsomt temperament som ung, og var endda blevet kaldt tordensønnen, men efter at han ændrede sig, blev han kaldt kærlighedens apostel.

Hvis vi elsker Gud, vil vi ikke praktisere uretfærdighed, og vi vil desuden holde os til sandheden. Vi vil også glæde os over sandheden. Den henviser til Jesus Kristus, til budskabet og til alle Bibelens 66 bøger. De, som elsker Gud og er elsket af ham, vil helt sikkert glæde sig ved Jesus Kristus og ved budskabet. De glæder sig, når Guds rige øges. Så hvad betyder det at glæde sig ved sandheden?

For det første er det at glæde sig ved budskabet

Budskabet er den gode nyhed om, at vi er frelst gennem Jesus Kristus og kommer i himmeriget. Mange mennesker søger sandheden gennem spørgsmål som: "Hvad er formålet med livet?

Hvad er et værdifuldt liv?" De studerer idehistorie og filosofi for at finde svarene på disse spørgsmål, eller de forsøger sig med forskellige religioner. Men sandheden er Jesus Kristus, og ingen kan komme i himlen uden Jesus Kristus. Derfor siger Jesus: *"Jeg er vejen og sandheden og livet; ingen kommer til Faderen uden ved mig"* (Johannesevangeliet 14:6).

Vi er blevet frelst og har opnået det evige liv ved at tage imod Jesus Kristus. Vi er blevet tilgivet vores synder gennem Herrens blod, og det har rykket os fra helvede til himlen. Vi forstår nu livets mening og har værdifulde liv. Derfor er det naturligt, at vi glæder os ved budskabet. De, som glæder sig ved budskabet, vil også flittigt formidle det for andre. De vil fuldføre deres gudgivne pligt og arbejde trofast for at udbrede budskabet. De vil også glæde sig, når sjælene hører budskabet og bliver frelst ved at tage imod Herren. De glæder sig, når Guds rige øges. *"Gud, vor frelser, som vil, at alle mennesker skal frelses og komme til erkendelse af sandheden"* (Første Timotheusbrev 2:4).

Der er dog nogle troende, som er jaloux på andre, som forkynder for mange mennesker og bærer stor frugt. Nogle kirker er misundelige på andre kirker, som vokser og forherliger Gud. Det er ikke at glæde sig ved sandheden. Hvis vi har åndelig kærlighed i vores hjerter, vil vi glæde os, når vi ser at Guds rige opnås i høj grad. Vi vil glæde os sammen, når vi ser, at en kirke vokser og er elsket af Gud. Det er at glæde sig ved sandheden, og at glæde sig ved budskabet.

For det andet er glæde ved sandheden at glæde sig over alt, som tilhører sandheden.

Det vil sige at glæde sig over at se, høre og gøre ting, som tilhører sandheden, såsom godhed, kærlighed og retfærdighed. De mennesker, som glæder sig ved sandheden, bliver berørt og fælder tårer, når de hører om selv små gode gerninger. De bekender at Guds ord er sandheden, og at det er sødere end honning fra bikagen. Så de glæder sig, når de lytter til prædikener eller læser Bibelen. Desuden glæder de sig ved at praktisere Guds ord. De adlyder med glæde Guds ord om at "tjene, forstå og tilgive" selv de mennesker, som giver dem problemer.

David elskede Gud, og han ville bygge et tempel for Gud. Men det lod Gud ham ikke gøre. Årsagen er nedfældet i Første Krønikebog 28:3: *"Du skal ikke bygge et hus for mit navn, for du er kriger og har udgydt blod."* Det var uundgåeligt for David at udgyde blod, for han deltog i mange krige, men i Guds øjne var David ikke den rette til at udføre opgaven.

David kunne ikke selv bygge tempelet, men forberedte alle byggematerialerne, sådan at hans søn Salomo kunne gøre det. David samlede byggematerialer af alt kraft, og bare dette gjorde ham overvældende lykkelig. *"Folket glædede sig over deres gavmildhed, for helhjertet kom de med frivillige gaver til Herren. Også kong David glædede sig meget"* (Første Krønikebog 29:9).

På samme måde vil de, som glæder sig ved sandheden, fryde sig, når det går andre mennesker godt. De er ikke misundelige. Det er utænkeligt for dem at have onde tanker såsom: "Bare det ville gå galt for det menneske" eller et føle sig tilfredse ved andre menneskers ulykke. Når de ser noget uretfærdigt, sørger de over det. De, som glæder sig ved sandheden, kan elske med gode ord og gode gerninger. Gud glæder sig over dem og jubler med fryd som der står i Sefanias' Bog 3:17: *"Herren din Gud er hos dig, helten, der bringer frelse. Han fryder sig i glæde over dig og viser dig sin kærlighed på ny. Han jubler over dig med fryd."*

Selv om man ikke kan glæde sig ved sandheden hele tiden, skal man ikke miste modet eller blive skuffet. Hvis man gør sit bedste, vil kærlighedens Gud anse disse anstrengelser for at man "glæder sig ved sandheden."

For det tredje er glæde ved sandheden at tro på Guds ord og forsøge at praktisere det.

Det er sjældent at se et menneske, som er i stand til fuldt og helt at glæde sig kun ved sandheden lige fra starten af. Så længe vi har mørke og usandhed i os, kan vi tænke på det onde, og vi kan måske også glæde os over uretfærdigheden. Men når vi lidt efter lidt forandrer os og skiller os af med det usandfærdige hjerte, kan vi glæde os fuldt og helt ved sandheden. Indtil da må vi gøre vores bedste.

Det er for eksempel ikke alle, som føler glæde ved at gå til gudstjeneste. Når der er tale om nye troende eller folk med svag tro, kan de føle sig trætte, eller deres tanker er måske andre steder. De kan måske spekulere over resultaterne af baseball kampen eller måske er de nervøse for et forretningsmøde, de skal have dagen efter.

Men det at komme i kirken og deltage i gudstjenesten er en del af forsøget på at adlyde Guds ord. Det er at glæde sig ved sandheden. Hvorfor skal vi forsøge på det? For at blive frelst og komme i himlen. Når vi lytter til sandhedens ord og tror på Gud, tror vi også, at der er dom, og at der er himmel og helvede. For vi ved, at der er forskellige belønninger i himlen, og vi forsøger flittigt at blive hellige og at være betroede i hele Guds hus. Selv om vi måske ikke glæder os fuldt og helt ved sandheden, er der alligevel tale om at glæde sig ved sandheden, hvis vi gør det bedste, vi kan indenfor vores mål af tro.

Sult og tørst efter sandheden

Det burde være naturligt for os at glæde os ved sandheden. Kun sandheden giver os evigt liv og kan forandre os fuldkommen. Hvis vi hører sandheden, nemlig budskabet, og praktiserer det, vil vi få evigt liv, og vi vil blive Guds sande børn. Da vi er fulde af håb om himmeriget og åndelig kærlighed, vil vores ansigter lyse af glæde. Og i den udstrækning vi bliver forandret af sandheden, vil vi være lykkelige, for vi er elsket og velsignet af Gud, og vi vil også blive elsket af mange mennesker.

Vi bør glæde os ved sandheden til enhver tid, og desuden bør vi sulte og tørste efter sandheden. Hvis man sulter og tørster, vil man have et ivrigt ønske om mad og drikke. Når vi længes efter sandheden, skal vi længes ivrigt, sådan at vi hurtigt kan forandre os til sandfærdige mennesker. Vi skal leve livet på en måde, så vi altid spiser og drikker sandheden. Hvad vil det sige? Det betyder at holde Guds ord, som er sandheden, i vores hjerter og praktisere det.

Når vi er sammen med nogen, som vi elsker højt, er det vanskeligt at skjule lykken i vores ansigt. Det samme gælder, når vi elsker Gud. Lige nu kan vi ikke være sammen med Gud ansigt til ansigt, men hvis vi i sandhed elsker Gud, vil det kunne ses på os.

Det vil sige, at hvis vi bare ser eller hører noget om sandheden, så vil vi blive glade og lykkelige. Vores lykkelige ansigter vil blive bemærket af folk omkring os. Vi vil fælde tårer af taknemmelighed, når vi bare tænker på Gud og Herren, og vores hjerter vil blive berørt af selv små gode gerninger.

De tårer, der kommer af godhed, såsom taknemmelighedens tårer og tårer i sorg for andre sjæle, vil senere blive smukke juveler, som vil dekorere vores huse i himlen. Lad os fryde os ved sandheden, sådan at vores liv vil blive fulde af beviser på, at Gud elsker os.

Karakteristika ved åndelig kærlighed II	
	6. Den gør intet usømmeligt
	7. Den søger ikke sit eget
	8. Den hidser sig ikke op
	9. Den bærer ikke nag
	10. Den finder ikke sin glæde i uretten
	11. Den glæder sig ved sandheden

12. Kærligheden tåler alt

Når vi tager imod Jesus Kristus og forsøger at leve ved Guds ord, er der mange ting, vi skal kunne tåle. Vi skal kunne tåle situationer med provokation. Vi skal udøve selvkontrol over vores tendens til at følge vores egne lyster. Derfor er det første af kærlighedens karakteristika, som nævnes i denne beskrivelse, at den er tålmodig.

At være tålmodig er den indre kamp som et menneske oplever, når han forsøger at skille sig af med usandheden i hjertet. At "tåle alt" har en bredere betydning. Når vi har kultiveret sandheden i vores hjerter med tålmodighed, skal vi tåle alle de smerter, der kan komme, fordi vi elsker andre mennesker. Særligt skal vi tåle alle de ting, som ikke er i overensstemmelse med den åndelige kærlighed.

Jesus kom til denne jord for at frelse synderne, men hvordan behandlede folk ham? Han gjorde kun det gode, og alligevel blev han hånet, overset og afvist. I sidste ende blev han korsfæstet. Ikke desto mindre tålte han alt fra folket og han gik i forbøn for dem med ordene: *"Fader, tilgiv dem, for de ved ikke, hvad de gør"* (Lukasevangeliet 23:34).

Hvad var resultatet af at Jesus tålte alt og elskede folket? Enhver, som tager imod Jesus som sin personlige frelser, kan nu blive frelst og være Guds barn. Vi er blevet sat fri af døden, og har i stedet fået det evige liv.

Et koreansk ordsprog siger: "Fil øksen for at lave en nål." Det betyder, at med tålmodighed og udholdenhed kan vi udføre selv de vanskeligste opgaver. Hvor lang tid og hvor stor indsats ville det mon kræve et file en økse til en skarp nål? Det virker som en umuligt opgave, og man kan måske spørge sig selv, om ikke det ville være nemmere at sælge øksen og købe en nål.

Men Gud påtager sig villigt store opgaver, for han er vores ånds mester. Han er langsom til vrede, bærer altid over med os og viser os nåde og venlighed, fordi han elsker os. Han tilretter og polerer folk, selv om deres hjerter er hærdede som stål. Han venter på, at vi alle skal blive hans sande børn, selv dem, som ikke ser ud til at have nogen mulighed for det.

> *Det knækkede rør sønderbryder han ikke, den osende væge slukker han ikke, til han har ført rette til sejr* (Matthæusevangeliet 12:20).

Selv i dag tåler Gud alle de smerter, der kommer fra at se folks handlinger og vente på os med glæde. Han er nødt til at være tålmodig med folk og vente på, at de forandres med godhed, selv om de har handlet med ondskab i tusind år. Selv om de har vendt ryggen til Gud og dyrket afguder, viser Gud dem, at han er den sande Gud, og han bærer over med dem med tro. Hvis Gud sagde: "Du er fult af uretfærdighed og du er hjælpeløs. Nu kan jeg ikke holde dig ud mere", hvor mange mennesker ville så blive frelst?

Som der står i Jeremias' Bog 31:3: *"Med evig kærlighed har jeg elsket dig, derfor bevarer jeg min troskab mod dig."* Gud fører os med evig, endeløs kærlighed.

Gennem mit virke som pastor for en stor kirke er jeg i nogen grad i stand til at forstå Guds tålmodighed. Der har været mennesker, som har haft mange overtrædelser og mangler, men da jeg har mærket Guds hjerte, har jeg altid betragtet dem med tiltro til, at de en dag ville forandre sig og forherlige Gud. Da jeg har været tålmodig med dem igen og igen og haft tiltro til dem, er mange af kirkes medlemmer vokset med opgaven og blevet gode ledere.

Når det sker, glemmer jeg hurtigt, at jeg har båret over med dem, og jeg føler, at det kun har været en kort tid. I Andet Petersbrev 3:8 står der: *"Dette ene må I ikke glemme, mine kære, at for Herren er én dag som tusind år, og tusind år som én dag."* Jeg forstår, hvad dette vers betyder. Gud tåler alt i lang tid, og alligevel anser han denne tid for at være et flygtigt øjeblik. Lad os indse Guds kærlighed og dermed elske alle omkring os.

13. Kærligheden tror alt

Hvis man virkelig elsker nogen, vil man tro alt om denne person. Selv om personen har nogle mangler, vil man stadig forsøge at have tiltro til vedkommende. En mand og en kone er bundet sammen af kærlighed. Hvis et ægtepar ikke har kærlighed, betyder det, at de ikke stoler på hinanden, så de skændes om hvad som helst og de tvivler på alt, hvad der angår deres ægtefælle. I de alvorlige tilfælde har de mistanke om utroskab, og de påfører hinanden fysiske og psykiske skader. Hvis de virkelig elsker hinanden, vil de stole fuldkommen på hinanden, og de vil have tiltro til, at deres partner er et godt menneske, der i sidste ende vil klare sig godt. Og så vil ægtefællen udmærke sig på sit område og få succes med det, vedkommende gør.

Tiltro kan bruges som standart til at måle kærlighedens styrke. Derfor vil man elske Gud fuldt og helt, når man tror fuldt og helt på ham. Trosfaderen Abraham blev kaldt Guds ven. Han adlød uden tøven Guds bud om at ofre sin egen søn Isak. Det kunne han, fordi han stolede fuldt ud på Gud. Og Guds så Abrahams tro og anerkendte hans kærlighed.

Kærlighed er at tro. De, som elsker Gud fuldt og helt, vil også tro ham fuldt og helt. De tror 100% på alle Guds ord. Og da de tror alt, tåler de alt. For at tåle de ting, som er imod kærligheden, må vi tro. Det er nemlig kun, når vi tror alle Guds ord, at vi kan håbe alt og omskære vores hjerte, sådan at vi skiller os af med alt det, der er imod kærligheden.

Strengt taget er det naturligvis ikke sådan, at vi tror på Gud, fordi vi elskede ham fra starten. Gud elskede os først, og ved at tro på dette, kom vi til at elske Gud. Så hvordan elskede Gud os? Han gav gavmildt sin enbårne søn for os, som var syndere, for at åbne vejen for vores frelse.

Først begyndte vi at elske Gud ved at tro på dette faktum, men hvis vi fuldt ud kultiverer den åndelige kærlighed, vil vi nå et niveau, hvor vi tror fuldt og helt, fordi vi elsker. Kultiveringen af den åndelige kærlighed betyder, at vi allerede har skilt os af med alle usandhederne i vores hjerte. Hvis vi ikke har nogen usandheder i hjertet, vil vi få åndelig tro fra oven, og dermed kan vi tro af hjertets grund. Så vil vi aldrig mere tvivle på Guds ord, og vores tillid til Gud kan ikke rystes. Hvis vi kultiverer den åndelige kærlighed fuldt ud, vil vi desuden have tiltro til alle. Det skyldes ikke, at folk er troværdige, men der i mod at vi betragter dem med troens øjen, selv om de er fulde af overtrædelser og mangler.

Vi skal være villige til at have tiltro til alle slags mennesker. Vi skal også tro på os selv. Selv om vi har mange mangler, skal vi tro på Gud, som vil forandre os, og vi skal betragte os selv med tro på, at vi snart vil ændre os. Helligånden vil altid sige til vores hjerte: "Du kan gøre det. Jeg vil hjælpe dig." Hvis man tror på denne kærlighed og bekræfter: "Jeg kan gøre det, jeg kan forandre mig", vil Gud gennemføre det i overensstemmelse med vores bekræftelser og tro. Hvor er troen smuk!

Gud har tiltro til os. Han tror på, at vi hver især vil lære hans kærlighed at kende og komme ind på vejen til frelse. Da han altid har betragtet os med troens øjne, har han ofret sin enbårne søn Jesus for os på korset. Gud tror på at selv de mennesker, som ikke kender eller ikke tror på Herren, vil blive frelst og komme over på Guds side. Han tror på, at de, som allerede har taget imod Herren, vil blive forandret til børn, som i høj grad efterligner Gud. Lad os tro på alle og enhver med Guds kærlighed.

14. Kærligheden håber alt

Det siges, at der på en af gravstenene i Westminster Abbey i Storbritannien står de følgende ord: "I min ungdom ville jeg forandre verden, men kunne det ikke. Da jeg var midaldrende, forsøgte jeg at forandre min familie, men kunne det ikke. Først da jeg nærmede mig døden, indså jeg, at jeg måske kunne have forandret alle disse ting, hvis bare jeg selv havde ændret mig."

Normalt forsøger folk at ændre andre mennesker, hvis der er noget ved dem, de ikke bryder sig om. Men det er næsten umuligt at ændre andre. Nogle ægtepar skændes om detaljer såsom om tandpastaen skal trykkes ud fra toppen eller fra bunden. Vi skal først ændre os selv, før vi forsøger at ændre andre. Og så skal vi vente med kærlighed på at andre forandres, med oprigtigt håb om det.

At håbe alt er at længes og vente på alt det, man tror, vil blive til virkelighed. Hvis vi elsker Gud, vil vi tro alle Guds ord og håbe, at alt vil ske i overensstemmelse med dem. Vi vil have håb for den tid, hvor vi vil leve i kærlighed med Gud Fader til evig tid i den smukke himmel. Det er derfor, vi tåler alt og deltager i troens løb. Men hvad nu, hvis der ikke var noget håb?

De, som ikke tror på Gud, har ikke have noget håb for himmeriget. Derfor lever de bare efter deres lyster, for de har ikke noget håb for fremtiden. De forsøger at skaffe ting, og kæmper for at tilfredsstille deres grådighed. Men uanset hvor meget de har, kan de ikke opnå den sande tilfredsstillelse. De lever deres liv med frygt for fremtiden.

Omvendt vil de mennesker, som tror på Gud, håbe alt, så de

tager den snævre vej. Hvorfor siger vi, at det er en snæver vej? Det betyder, at den er snæver for dem, der ikke tror på Gud. Når vi tager imod Jesus Kristus og bliver Guds børn, opholder vi os i kirken hele søndagen for at deltage i gudstjenesterne, og vi søger ikke de verdslige glæder. Vi arbejder for Guds rige med frivillig tjeneste og beder for at leve ved Guds ord. Sådanne ting er vanskelige at gøre uden tro, og derfor siger vi, at det er en snæver vej.

I Første Korintherbrev 15:19 siger apostelen Paulus: *"Har vi alene i dette liv sat vort håb til Kristus, er vi de ynkværdigste af alle mennesker."* Set fra et kødeligt synspunkt virker et liv i overbærenhed og hårdt arbejde vanskeligt. Men hvis vi håber alt, er denne vej lykkeligere end nogen anden. Hvis vi er sammen med nogen, som vi elsker, vil vi være lykkelige, selv om vi lever i et usselt hus. Og hvor vil vi være lykkelige, når vi tænker på, at vi skal leve med vores kære Herre i himlen til evig tid! Vi er spændte og lykkelige bare ved tanken om det. På denne måde kan vi med sand kærlighed vente uforanderligt og håbe, indtil alt det vi tror, bliver sandt.

Det er meget kraftfuldt at se frem til alt med tro. Lad os for eksempel forestille os, at et af vores børn kommer på afveje og slet ikke studerer. Selv dette barn kan forandres til et godt barn, hvis vi tror på ham og fortæller ham, at han kan gøre det, mens vi betragter ham med tiltro til, at det vil ske. Forældrenes tiltro til børnene vil stimulere barnets forbedring og selvtillid. De børn, som har selvtillid, har tiltro til, at de kan gøre hvad som helst. De vil være i stand til at overvinde vanskeligheder, og denne indstilling påvirker rent faktisk deres akademiske præstationer.

Det samme gælder, når vi tager os af andre sjæle i kirken. Under alle omstændigheder må vi ikke drage forhastede slutninger vedrørende andre mennesker. Vi bør ikke miste modet og tænke: "Det lader til at være meget vanskeligt for dette menneske at forandre sig," eller "hun er stadig den samme." Vi skal betragte alle med håb om, at de snart vil forandres og at de vil blive smeltet om ved Guds kærlighed. Vi skal fortsat bede for dem og opmuntre dem ved at sige med tro: "Du kan gøre det!"

15. Kærligheden udholder alt

I Første Korintherbrev 13:7 står der: *"[Kærligheden] tåler alt, tror alt, håber alt, udholder alt."* Hvis man elsker, kan man udholde alt. Så hvad betyder det at "udholde"? Når vi udholder alt, hvad der ikke er i overensstemmelse med kærligheden, vil det have eftervirkninger. Når der er vind over en sø eller et hav, vil der komme bølger. Selv efter at vinden stilner af, vil der stadig være nogle små krusninger tilbage. Og selv om vi udholder alt, vil det ikke bare være slut, når vi har udholdt det. Der vil være nogle eftervirkninger.

For eksempel siger Jesus i Matthæusevangeliet 5:39: *"Men jeg siger jer, at I ikke må sætte jer til modværge mod den, der vil jer noget ondt. Men slår nogen dig på din højre kind, så vend også den anden til."* Som der står skrevet: Hvis nogen slår dig på din højre kind, skal du ikke slå igen, men bare udholde det. Er det så slut? Nej, der vil komme eftervirkninger. Du vil føle smerte. Din kind vil gøre ondt, men smerten i hjertet vil være endnu større. Folk vil naturligvis have smertende hjerter af forskellige årsager. For nogle vil det være, fordi de mener, at de er blevet slået uden grund, og det vil de være vrede over. Men andre vil opleve smertelige følelser, fordi de er kede af, at de fremkaldte vrede hos modparten. Nogle vil måske være kede af, at en broder ikke kan styre sit temperament, men udtrykke det fysisk i stedet for at gøre det på en mere konstruktiv måde.

Eftervirkningerne ved at udholde noget kan også komme af de ydre omstændigheder. For eksempel kan nogen slå dig på den højre kind. Så du vender den anden til i overensstemmelse med ordet. Men så slår han dig også på den venstre. Du udholdt det ifølge ordet, men situationen eskalerede og blev tilsyneladende kun værre.

Det var tilfældet for Daniel. Han gik ikke på kompromis, selv om han vidste, at han ville blive kastet i løvekulen. Men da han elskede Gud, ophørte han aldrig med at bede, selv i livstruende situationer. Han handlede heller ikke ondt overfor de mennesker, som forsøgte at slå ham ihjel. Så blev alting bedre for ham, fordi han holdt ud i overensstemmelse med Guds ord? Nej, han blev kastet i løvekulen!

Vi kan måske tro, at alle prøvelser vil gå væk, hvis vi udholder de ting, som ikke er i overensstemmelse med kærligheden. Så hvorfor kommer der alligevel trængsler? Det er Guds forsyn for at gøre os fuldkomne og give os forbløffende velsignelser. Markerne vil give en sund og god høst ved at udholde regn, vind og den svidende sol. Det er Guds forsyn, at vi skal blive hans sande børn gennem trængsler.

Trængsler er velsignelser

Den fjendtlige djævel og Satan forstyrrer Guds børn, når de forsøger at leve i lyset. Satan forsøger altid at finde alle mulige grunde til at anklage folk, og hvis de viser bare den mindste plet, vil Satan straks anklage dem. Et eksempel er, at nogen handler med ondskab overfor dig, og du udholder det udadtil, men stadig bærer nag inden i. Den fjendtlige djævel og Satan vil vide det og anklage dig for disse følelser. Så vil Gud være nødt til at tillade trængsler i overensstemmelse med anklagen. Indtil det bliver anerkendt, at vi ikke længere har nogen ondskab i hjertet, vil der være prøvelser, som kaldes "raffinerende trængsler." Selv om vi skiller os af med alle synder og bliver fuldkommen hellige, kan der naturligvis komme trængsler. Disse trængsler bliver tillads for at give os endnu større velsignelser. Derigennem vil vi ikke kun forblive på det samme niveau, hvor vi ikke har nogen ondskab, men kultivere en endnu større kærlighed og en mere fuldkommen godhed, som ikke har nogen som helst plet eller fejl.

Det drejer sig ikke kun om personlige velsignelser. Det samme princip gør sig gældende, når vi forsøger at opnå Guds rige. For at Gud kan vise sine store gerninger, er der et vist mål på retfærdighedens skala, som skal mødes. Ved at udvise stor tro og kærlige handlinger, kan vi bevise, at vi er de rette redskaber til at få svar på vores bønner, sådan at den fjendtlige djævel ikke kan modsætte sig det.

Så til tider vil Gud lade os prøve. Hvis vi holder ud med godhed og kærlighed, vil Gud lade os forherlige ham endnu mere med store sejre, og han vil give os endnu større belønninger. Især hvis man overvinder de forfølgelser og vanskeligheder, som man bliver udsat for på grund af Herren, vil man helt sikkert få store velsignelser. *"Salige er I, når man på grund af mig håner jer og forfølger jer og lyver jer alt muligt ondt på. Fryd jer og glæd jer, for jeres løn er stor i himlene; således har man også forfulgt profeterne før jer"* (Matthæusevangeliet 5:11-12).

At tåle, tro, håbe og udholde alt

Hvis man tror alt og håber alt med kærlighed, kan man

overvinde alle former for trængsler. Så hvordan skal vi helt præcist tro, håbe og udholde alt?

For det første skal vi tro på Guds kærlighed indtil det sidste, selv under trængsler.

I Første Petersbrev står der: *"... for at jeres tro, der er mere værd end det forgængelige guld, der dog prøves i ild, kan stå sin prøve og blive til pris og herlighed og ære, når Jesus Kristus åbenbares."* Han raffinerer os, sådan at vi vil have de rette kvalifikationer til at kunne få pris og herlighed og ære, når vores liv på denne jord er overstået.

Hvis vi lever i overensstemmelse med Guds ord uden at gå på kompromis med verden, vil vi måske blive udsat for uretfærdige lidelser. Når det sker, må vi tro på, at vi får Guds helt særlige kærlighed. Så vil vi være taknemmelige i stedet for at miste modet, fordi Gud fører os til en endnu bedre bolig i himlen. Vi må også tro på Guds kærlighed, og vi må tro til det sidste. Der kan være smertefulde oplevelser under troens trængsler.

Hvis smerterne er alvorlige og fortsætter i lang tid, kan vi måske tænke: "Hvorfor hjælper Gud mig ikke? Elsker han mig ikke mere?" Men i disse øjeblikke skal vi minde os selv om Guds kærlighed og udholde trængslerne. Vi skal tro på, at Gud Fader vil, at vi skal have en endnu bedre himmelsk bolig, fordi han elsker os. Hvis vi holder ud til enden, vil vi til sidst blive fuldkomne børn af Gud. *"Og udholdenhed skal føre til fuldendt værk, for at I kan være fuldkomne og helstøbte og ikke stå tilbage i noget"* (Jakobsbrevet 1:4).

For det andet skal vi for at udholde alt tro på, at trængslerne er genveje til at opfylde vores håb.

I Romerbrevet 5:3-4 står der: *"Og ikke alene det; vi er også stolte af vore trængsler, fordi vi ved, at trængsler skaber udholdenhed, udholdenhed fasthed, og fasthed håb."* Trængslerne er her en genvej til at opfylde vores håb. Man vil måske tænke: "Åh, hvornår vil jeg forandre mig?" Men hvis man holder ud og bliver ved med at ændre sig lidt efter lidt, så vil man til sidst blive et sandt og fuldkomment barn af Gud, som ligner ham.

Så når trængslerne kommer, skal man ikke undgå dem, men forsøge at gennemgå dem på bedste vis. Det er selvfølgelig en naturlov og et naturligt ønske for menneske at vælge den letteste vej. Men hvis vi forsøger at undgå trængslerne, vil vores rejse kun blive endnu længere. Lad os forestille os, at der er et menneske, som konstant giver os problemer i enhver sag. Vi viser ikke udadtil, at vi er ubehageligt til mode sammen med vedkommende, men vi mærker det. Så vi får lyst til at undgå ham. I dette tilfælde skal vi dog ikke forsøge at ignorere situationen, men aktivt overvinde vanskelighederne. Vi skal udholde de problemer, vi måtte have med ham, og kultivere hjertet til i sandhed at forstå og tilgive vedkommende. Så vil Gud give os nåde, og vi vil forandre os. På samme måde kan alle vores trængsler blive trinbræt og genveje til at opfylde vores håb.

For det tredje må vi kun gøre det gode, når vi udholder alt.

Folk beklager sig ofte til Gud, når de udsættes for

eftervirkninger efter at have udholdt alt i overensstemmelse med Guds ord. De siger: "Hvorfor forandrer situationen sig ikke, når jeg nu har fulgt ordet?" Alle troens trængsler påføres os af den fjendtlige djævel og Satan. Prøvelser og trængsler er slag mellem det gode og det onde.

For at vinde sejren i det åndelige slag, må vi kæmpe i overensstemmelse med reglerne i det åndelige rige. Loven i det åndelige rige er, at godheden vinder til sidst. I Romerbrevet 12:21 står der: *"Lad dig ikke overvinde af det onde, men overvind det onde med det gode."* Hvis vi handler i godhed på denne måde, kan det måske et øjeblik virke som om, vi er ved at tabe, men rent faktisk er det omvendt. Det skyldes at den retfærdige og gode Gud kontrollerer menneskehedens lykke, ulykke, liv og død. Derfor må vi kun handle med godhed, når vi kommer ud for prøvelser, trængsler og forfølgelser.

I nogle tilfælde er der troende, som bliver udsat for forfølgelser fra deres ikke-troende familiemedlemmer. I disse tilfælde kan de troende tænke: "Hvorfor er min mand så ond? Hvorfor er min kone så ond?" Men så vil prøvelsen kun blive endnu større og længere. Hvordan handler man med godhed i denne situation? Man skal bede med kærlighed og tjene dem i Herren. Man skal blive det lys, som skinner klart på hele familien.

Hvis man kun handler med godhed mod dem, vil Gud udføre sin gerning på det mest passende tidspunkt. Han vil bortdrive den fjendtlige djævel og Satan, og bevæge familiens hjerter. Alle problemer vil blive løst, når man handler i godhed i overensstemmelse med Guds regler. Det mest kraftfulde våben i den åndelige kamp er ikke hverken menneskelig magt eller visdom, men derimod Guds godhed. Så lad os udholde i godhed og kun gøre det gode.

Er der nogen i din omgangskreds, som du synes er vanskelig at være sammen med og holde ud? Nogle mennesker begår hele tiden fejl, og udsætter andre mennesker for problemer og skader. Nogle brokker sig meget og bliver gnavne over selv små ting. Men hvis man kultivere den sande kærlighed i sig, vil der ikke være nogen, som man ikke kan holde ud. Det skyldes, at man vil elske andre som sig selv, ligesom Jesus sagde, at vi skal elske vores næste som os selv (Matthæusevangeliet 22:39).

Gud Fader forstår også os, og bærer over med os. Indtil man kultiverer denne kærlighed i sig, bør man leve som en perleøsters. Når et fremmedlegeme som f.eks. sand, tang, eller skaldele kommer ind mellem skallen og selve østersen, vil det blive forandret til en dyrebar perle! Når vi kultiverer den åndelige kærlighed, vil vi komme gennem perleporten og gå ind i Ny Jerusalem, hvor Guds trone står.

Forestil dig, hvordan det vil være at gå gennem perleporten og mindes din fortid på jorden. Så vil vi sige til Gud Fader: "Tak for at du har tålt alt, troet alt, håbet alt og udholdt alt for mig." For Gud vil have formet vores hjerte som den smukkeste perle.

Karakteristika ved åndelig kærlighed III

12. De tåler alt

13. Den tror alt

14. Den håber alt

15. Den udholder alt

Fuldkommen kærlighed

"Kærligheden hører aldrig op. Profetiske gaver, de skal forgå; tungetale, den skal forstumme; og kundskab, den skal forgå. For vi erkender stykkevis, og vi proferer stykkevis, men når det fuldkomne kommer, skal det stykkevis forgå. Da jeg var barn, talte jeg som et barn, forstod jeg som et barn, tænkte jeg som et barn. Men da jeg blev voksen, aflagde jeg det barnlige. Endnu ser vi i et spejl, i en gåde, men da skal vi se ansigt til ansigt. Nu erkender jeg stykkevis, men da skal jeg kende fuldt ud, ligesom jeg selv er kendt fuldt ud. Så bliver da tro, håb, kærlighed, disse tre. Men størst af dem er kærligheden."
Første Korintherbrev 13:8-13

Når du kommer i himlen, hvad vil du så tage med dig, hvis du får lov at medbringe én ting? Guld? Diamanter? Penge? Alle disse ting er nytteløse i himlen. For dér er de gader, man går på, lavet af guld. Gud Fader har forberedt de himmelske boliger til os, og de er smukke og dyrebare. Gud forstår vores hjerter og forbereder alt med de største anstrengelser. Men der er én ting, vi kan tage med os fra denne jord, som også vil være værdifuld i himlen. Det er kærlighed. Den kærlighed, der er blevet kultiveret i vores hjerter, mens vi har levet på denne jord.

Der er også brug for kærlighed i himlen

Når den menneskelige kultivering er overstået og vi kommer i himmeriget, vil alt på denne jord forsvinde (Johannesåbenbaringen 21:1). I Salmernes Bog 103:15 står der: *"Menneskets liv er som græsset, det blomstrer som markens blomster."* Selv de uhåndgribelige ting som velstand, berømmelse og magt vil også forsvinde. Alle synder og mørke såsom had, skænderier, misundelse og jalousi vil forsvinde.

Men i Første Korintherbrev 13:8-10 står der: *"Kærligheden hører aldrig op. Profetiske gaver, de skal forgå; tungetale, den skal forstumme; og kundskab, den skal forgå. For vi erkender stykkevis, og vi proferer stykkevis, men når det fuldkomne kommer, skal det stykkevis forgå."*

Profetiens gave, tungetale, og kundskab i Gud er alle åndelige ting, så hvorfor vil de forgå? Himlen ligger i det åndelige rige og er et perfekt sted. I himlen vil vi komme til at vide alt klart. Selv om vi kommunikerer klart med Gud og profeterer, så det er fuldkommen anderledes end at forstå alt i det himmelske rige i fremtiden. For da vil vi forstå Guds Fader og Herrens hjerter klart, så profetierne vil ikke længere være nødvendige.

Det samme gælder for tungetale. "Tungetale" henviser her til forskellige sprog. Nu har vi mange forskellige sprog på denne jord, så for at tale med andre, som taler andre sprog, må vi lærer deres tungemål. På grund af kulturelle forskelle har vi brug for lang tid og mange anstrengelser, hvis vi skal dele vores hjerte og tanker. Selv om vi taler samme sprog, kan det være vanskeligt helt at forstå andre. Og selv om vi taler flydende og med udførlige beskrivelser, kan det være svært fuldkommen at formidle, hvad vi føler og tænker. Vi kan misforstå hinanden og der kan opstå skænderier på grund af ord. Ordene kan give anledning til fejl.

Men når vi kommer i himlen, skal vi ikke længere bekymre os om disse ting. Der er kun ét sprog i himlen. Så der er ingen grund til at bekymre sig om, hvorvidt man vil forstå andre. Det gode hjerte formidles, som det er, så der kan ikke være nogen misforståelser eller fordomme.

Det samme gælder for kundskab. Den "kundskab" der her henvises til, er viden om Guds ord. Mens vi lever på denne jord, lærer vi flittigt Guds ord. Gennem Bibelens 66 bøger lærer vi, hvordan vi kan blive frelst og opnår det evige liv. Vi lærer om Guds vilje, men kun en del af den, nemlig det vi har brug for at vide for at komme i himlen.

For eksempel lærer vi at praktiserer de ord, der siger: "Elsk hinanden", "Vær ikke misundelig eller jaloux", osv. Men i himlen er der kun kærlighed, så vi behøver ikke denne form for viden der. Selv om profeti, tungetale og kundskab er åndelige egenskaber, vil de forsvinde. Det skyldes, at de kun er nødvendige rent midlertidigt i denne fysiske verden.

Derfor er det vigtigt at kende sandhedens ord og at kende til himlen, men det er endnu vigtigere at kultivere kærligheden. I den udstrækning, vi omskærer vores hjerter og kultiverer vores kærlighed, kan vi opnå en endnu bedre bolig i himlen.

Kærligheden er evigt dyrebar

Tænk på den første gang, du elskede. Hvor var du lykkelig! Vi siger, at vi bliver forblindede af kærligheden, når vi virkelig elsker nogen og kun kan se det gode ved vedkommende. Alt i verden virker smukt. Solen synes at skinne endnu klarere, og vi kan ligefrem fornemme en særlig duft i luften. Der er nogle undersøgelser, som viser, at de dele af hjernen, som kontrollere de negative og kritiske tanker er mindre aktive hos mennesker, som er forelskede. På samme måde er det sådan, at hvis dit hjerte er fuldt af Guds kærlighed, er du bare lykkelig, selv om du måske ikke engang får mad nok. I himlen vil denne lykke være evig.

Vores liv på denne jord er ligesom et barns, sammenlignet med det liv, vi vil føre i himlen. En baby, som lige er begyndt at tale, kan kun sige nogle få lette ord såsom "mor" og "far". Den kan ikke udtrykke sig detaljeret. Børn kan ikke forstå komplekse emner i den voksnes verden. De taler, forstår og tænker indenfor rammerne af deres barnlige viden og evner. De har ikke dannet koncepter om pengenes værdi, så hvis de præsenteres for en mønt og en pengeseddel, vil de helt naturligt tage mønten. De har set, at mønter har en værdi, fordi de måske selv har brugt dem til at købe karameller eller slikkepinde, men de kender ikke pengesedlernes værdi.

Det samme gælder for vores forståelse af himlen, mens vi lever på denne jord. Vi ved, at himlen er et smukt sted, men det er vanskeligt at udtrykke, hvor smukt det rent faktisk er. I himmeriget er der ikke nogen grænser, så skønheden kan komme til udtryk i fuld grad. Når vi kommer til himlen, vil vi også være i stand til at forstå det åndelige riges grænseløshed og hemmeligheder, og de principper som alting følger. Dette beskrives i Første Korintherbrev 13:11: *"Da jeg var barn, talte jeg som et barn, forstod jeg som et barn, tænkte jeg som et barn. Men da jeg blev voksen, aflagde jeg det barnlige."*

I himmeriget er der hverken mørke, bekymringer eller angst. Der er kun godhed og kærlighed. Så vi kan udtrykke vores kærlighed og tjene andre lige så meget, som vi vil. På denne måde er den fysiske verden og det åndelige rige vidt forskellige. Selv på denne jord er der naturligvis stor forskel på folks forståelse og tanker, alt efter målet af deres tro.

I Første Johannesbrev kapitel 2 bliver troens niveauer sammenlignet med småbørn, børn, unge og fædre. De mennesker, der har et niveau af tro som børn, er som børn i ånden. De kan ikke for alvor forstå de dybe åndelige ting. De har kun svag styrke til at praktisere ordet. Men når de bliver unge mennesker eller fædre vil deres ord, tænkemåde og handlinger ændre sig. De vil have større evne til at praktisere Guds ord, og de kan vinde slaget mod mørkets kraft. Men selv om vi opnår en tro som fædre på denne jord, kan man sige, at vi stadig er som børn sammenlignet med den tid, hvor vi er kommet ind i himmeriget.

Vi vil mærke den fuldkomne kærlighed

Barndommen er en tid, hvor man forbereder sig på at blive voksen, og på samme måde er livet på denne jord en tid, hvor man forbereder sig på det evige liv. Denne verden er som en skygge sammenlignet med det evige rige i himlen, og den forsvinder hurtigt. Skyggen er ikke det egentlige væsen. Men andre ord er den ikke virkelig. Den er kun et billede, som ligner det egentlige væsen.

Kong David velsignede Herren foran hele menigheden og sagde: *"For dig er vi fremmede og tilflyttede ligesom alle vore fædre. Vore dage på jorden er som skyggen, der er intet håb"* (Første Krønikebog 29:15).

Når vi ser på skyggen af en genstand, kan vi få en overordnet fornemmelse af dens form. Den fysiske verden er også ligesom en skygge, der giver os en svag ide om den evige verden. Når skyggen, som er livet på denne jord, forgår, vil den faktiske genstand blive åbenbaret klart. Lige nu kender vi kun det åndelige rige svagt og sløret, som om vi så i et spejl. Men når vi kommer til himmeriget, vil vi forstå det klart, idet vi ser det ansigt til ansigt.

I Første Korintherbrev 13:12 står der: *"Endnu ser vi i et spejl, i en gåde, men da skal vi se ansigt til ansigt. Nu erkender jeg stykkevis, men da skal jeg kende fuldt ud, ligesom jeg selv er kendt fuldt ud."* Apostelen Paulus skrev Kærlighedskapitlet for ca 2000 år siden. En spejl var på daværende tidspunkt ikke så klart, som det er i dag. Det var ikke lavet af glas. Man brugte sølv, bronze eller stål, og polerede metallet, så det reflekterede lyset. Men spejlet var sløret. Der er naturligvis nogle mennesker, som ser og mærker himmeriget klarere, hvis deres åndelige øjne er blevet åbnet. Men under alle omstændigheder vil himlens skønhed og lykke være sløret for os.

Når vi senere kommer til det evige himmerige, vil vi klart se enhver detalje og opleve det direkte. Vi vil lære om Guds storhed, almægtighed og skønhed, som er hinsides ord.

Kærlighed er den største af tro, håb og kærlighed

Tro og håb er vigtige for at få vores tro til at vokse. Vi kan kun blive frelst og komme i himlen, hvis vi har tro. Vi kan kun blive Guds børn med tro. Da vi kun kan opnå frelse, evigt liv og himmeriget med tro, er troen dyrebar. Og blandt alle skatte er troen den største; troen er også nøglen til at få svar på vores bønner.

Hvad med håb? Håb er også dyrebart. Vi stræber mod den bedste bolig i himlen, fordi vi har håb. Så hvis vi har tro, vil vi helt naturligt også have håb. Hvis vi med sikkerhed tror på Gud, himlen og helvede, vil vi have håb om himlen. Og hvis vi har håb, forsøger vi at blive hellige og arbejde trofast for Guds rige. Tro og håb er nødvendige, indtil vi når himmeriget. Men i Første Korintherbrev 13:12 står der, at kærligheden er den største, hvordan kan det være?

For det første er tro og håb kun nødvendige under vores liv på denne jord, og derfor er det kun den åndelige kærlighed, som fortsætter i himmelriget.

I himlen behøver vi ikke tro noget uden at se det, eller håbe på noget, for alt vil være for øjnene af os. Lad os forestille os, at der er et menneske, vi elsker meget højt, og som vi ikke har set i en uge eller i endnu længere tid, måske i ti år. Så vil vi have stærke og dybe følelser, når vi ser ham igen efter så lang tid. Men når vi møder ham, som vi har savnet så længe, vil vi så stadig savne ham?

Det samme gælder for vores kristne liv. Hvis vi for alvor har tro og elsker Gud, vil vi have voksende håb som tider går, og vores tro vokser. Vi vil savne Herren stadig mere dag for dag. De, som har håb for himlen på denne måde, vil ikke sige, at det er hårdt at tage den snævre vej på denne jord, og de vil ikke blive rokket af nogen fristelser. Og når vi når vores endelige mål, himmeriget, vil vi ikke længere have brug for tro og håb. Men kærligheden består i himlen for evigt, og derfor står der i Bibelen, at kærligheden er den største.

For det andet kan vi opnå himlen med tro, men uden kærlighed kan vi ikke komme ind i det smukkeste bosted, Ny Jerusalem.

Vi kan tage himmeriget med magt i den udstrækning, vi handler med tro og håb. Alt efter i hvor høj grad vi lever ved Guds ord, skiller os af med synderne og kultivere et smukt hjerte, vil vi få åndelig tro, og vi vil få forskellige bosteder i himlen i overensstemmelse med målet af åndelig tro: Paradis, Første rige i himlen, Andet rige i himlen, Tredje rige i himlen og Ny Jerusalem.

Paradis er for de mennesker, som kun lige har tro til at blive frelst ved at tage imod Jesus Kristus. Det betyder, at de ikke har gjort noget for Guds rige. Det Første rige i himlen er for dem, for har forsøgt at leve ved Guds ord, efter at de har taget imod Jesus Kristus. Det er langt smukkere end Paradis. Det Andet rige i himlen er for dem, som har levet ved Guds ord med kærlighed til Gud, og som har været trofaste overfor Guds rige. Det Tredje rige i himlen er for dem, som elsker Gud i allerhøjeste grad og har skilt sig af med alle former for ondskab, sådan at de er blevet hellige. Ny Jerusalem er for dem, som har en tro, der behager Gud, og som har været trofaste i hele Guds hus. Det er et himmelsk bosted, som gives til de børn af Gud, der har kultiveret den fuldkomne kærlighed med tro, og byen er en udkrystallisering af kærligheden. Rent faktisk er der ingen andre end Jesus Kristus, Guds søn, som har de rette kvalifikationer til at komme ind i Ny Jerusalem. Men vi, som er simple skabninger, kan også opnå disse kvalifikationer, hvis vi retfærdiggøres ved Jesu Kristi dyrebare blod og har en fuldkommen tro.

For at komme til at ligne Herren, så vi kan opholde os i Ny Jerusalem, må vi følge Herrens vej. Og den vej er kærlighed. Kun med denne kærlighed kan vi bære Helligåndens ni frugter og Saligprisningerne, så vi har Herrens karakter og er værdige til at være Guds sande børn. Når først vi er kvalificerede til at være Guds sande børn, kan vi få hvad som helst, vi beder om på denne jord, og vi vil opnå det privilegium at kunne vandre med Herren til evig tid i himlen. Derfor kan vi komme i himlen med tro, og vi kan skille os af med synderne, når vi har håb. Så tro og håb er bestemt nødvendige, men kærligheden er den største, for vi kommer kun til Ny Jerusalem, hvis vi har kærlighed.

"Vær ingen noget andet skyldigt end at elske hinanden;

for den, der elsker andre, har opfyldt loven. Buddene:

'Du må ikke bryde et ægteskab; du må ikke begå drab;

du må ikke stjæle; du må ikke begære,'

og et hvilket som helst andet bud, sammenfattes jo i dette bud:

'Du skal elske din næste som dig selv.'

Kærligheden gør ikke næsten noget ondt.

Kærligheden er altså lovens fylde."

Romerbrevet 13:8-10

Tredje del

Kærligheden er lovens fylde

Kapitel 1 : Guds kærlighed

Kapitel 2 : Kristi kærlighed

KAPITEL 1 — *Guds kærlighed*

Guds kærlighed

*"Og vi kender og tror på den kærlighed,
som Gud har til os. Gud er kærlighed,
og den, der bliver i kærligheden, bliver i Gud,
og Gud bliver i ham."* Første Johannesbrev 4:16

Mens Elliot arbejdede ved Quechua-indianerne, begyndte han at forberede sig på at få kontakt med den berygtede og voldelige indianerstamme Huaorani. Sammen med fire andre missionærer, Ed McCully, Roger Youderian, Peter Fleming og deres pilot Nate Saint, fik de kontakt med Huaorani-indianerne fra deres fly ved hjælp af højttalere, og de sendte en kurv med gaver ned til dem. Efter adskillige måneder besluttede mændene sig for at bygge en base kort fra indianerstammen langs floden Curaray. Flere gange nærmede små grupper af Huaorani-indianere sig dem, og de gav endda en særlig nysgerrig indianer, som de kaldte "George", en flyvetur (hans rigtige navn var Naenkiwi). Opmuntret af disse venlige møder begyndte de at planlægge et besøg hos Huaoranierne, men deres planer blev foregrebet af ankomsten af en større gruppe Huaoranier, som slog Elliot og hans fire kolleger ihjel d. 8. januar 1956. Elliots mishandlede krop blev senere fundet længere nede af floden sammen med de andre mænd, undtagen Ed McCully.

Elliot og hans venner blev straks kendt verden over som martyrer, og Life Magazine trykte en 10 sider lang artikel om deres mission og død. De inspirerede en voksende interesse i kristen mission blandt datidens unge, og anses stadig som en opmuntring for kristne missionærer over hele verden. Elisabeth Elliot begyndte efter hendes mands død at arbejde blandt Auca-indianerne sammen med andre missionærer, og de havde en dyb indvirkning og fik mange til at konvertere. Mange sjæle blev vundet med Guds kærlighed.

Vær ingen noget andet skyldigt end at elske hinanden; for den, der elsker andre, har opfyldt loven.

> *Buddene: "Du må ikke bryde et ægteskab; du må ikke begå drab; du må ikke stjæle; du må ikke begære," og et hvilket som helst andet bud, sammenfattes jo i dette bud: "Du skal elske din næste som dig selv." Kærligheden gør ikke næsten noget ondt. Kærligheden er altså lovens fylde (Romerbrevet 13:8-10).*

Det højeste niveau af kærlighed blandt alle former er Guds kærlighed til os. Skabelsen af alle ting og mennesker er et resultat af Guds kærlighed.

Gud skabte alle ting og mennesker i sin kærlighed

I begyndelsen rummede Gud universets udstrakte rum i sig. Dette univers var et andet end det, vi kender i dag. Det var et rum, som hverken havde begyndelse eller ende, og heller ikke nogen begrænsninger. Alt skete i overensstemmelse med Guds vilje og det, han rummede i sit hjerte. Så hvis Gud kunne gøre alt og have hvad som helst, han ville, hvorfor skabte han så mennesket?

Fordi han ville have sande børn, som han kunne dele sin smukke verden med. Han ville dele det rum, hvor alt, hvad man ønsker, sker. Det er det samme for mennesker: Vi ønsker også at dele de gode ting med dem, vi elsker. Med dette håb planlagde Gud den menneskelige kultivering for at opnå sande børn.

Hans første skridt var at opdele universet i den fysisk og en åndelig verden, og skabe den himmelske skare og englene, andre åndelige væsener og alle de andre ting, som var nødvendige i det åndelige rige. Han skabte et rum, hvor han selv kunne hvile, og et himmelsk rige hvor hans sande børn kunne bo, samt et sted hvor menneskene kunne gennemgå den menneskelige kultivering. Da der var gået en umålelig tidsperiode, skabte han Jorden i den fysiske verden sammen med solen, månen, stjernerne, naturen og alt andet, som var nødvendigt for at menneskene kunne leve.

Der var utallige åndelige væsener rundt om Gud såsom engle, men de er ubetinget lydige, lidt ligesom robotter. De er ikke væsener, som Gud kan leve i gensidig kærlighed med. Derfor skabte Gud mennesket i sit billede, sådan at han kunne få sande børn, som han kunne leve i kærlighed med. Hvis det var muligt at have robotter med kønne ansigter, som gjorde lige præcist det, du ville, ville du så skifte dine børn ud med dem? Nej, selv om børnene måske ind imellem ikke hører efter, så er de stadig langt mere elskelige end robotter, for de kan mærke din kærlighed og udtrykke deres kærlighed til dig. Gud havde det på samme måde. Han ville have sande børn, som han kunne dele sine følelser med. Gennem denne kærlighed skabte Gud det første menneske, og det var Adam.

Efter at Gud havde skabt Adam, lavede han en have på et sted i østen, der blev kaldt Eden, og tog Adam derhen. Edens have blev skabt af Gud med henblik på Adam. Den er et forunderligt smukt sted, hvor blomster og træer vokser godt, og smukke dyr går frit omkring. Der er en overflod af frugter alle vegne. Den sagte brise føles så blød som silke, og græssets hvislen lyder som en stille hvisken. Vandet glimter som dyrebare ædelsten, når lyset reflekteres i dem. Selv med vores bedste forestillingsevne er det ikke muligt for os at udtrykke hvor smukt, der er på dette sted.

Gud gav også Adam en hjælper, som han kaldte Eva. Det

skyldtes ikke, at Adam følte sig ensom. Gud forstod Adams hjerte, fordi han selv havde været alene i så lang tid. Adam og Eva havde de bedste livsbetingelser, og de vandrede med Gud i lang, lang tid, hvor de havde stor autoritet som herrer over skabelsesværket.

Gud kultiverer menneskene for at gøre dem til sine sande børn

Men Adam og Eva manglede noget for at kunne være sande børn. Selv om Gud gav dem sin ypperligste kærlighed, kunne de ikke for alvor værdsætte den. De nød alt det, de fik af Gud, men der var ikke noget, de selv opnåede med deres egne anstrengelser. Så de forstod ikke, hvor dyrebar Guds kærlighed var, og de kunne ikke værdsætte det, der blev givet til dem. Desuden havde de aldrig oplevet død og ulykke, så de kendte ikke livets sande værdi. De havde aldrig oplevet had, så de forstod ikke kærlighedens sande værdi. Selv om de havde hørt om disse ting og kendte til dem, så var det ren intellektuel viden. De kunne ikke mærke den sande kærlighed i deres hjerter, for de havde aldrig selv oplevet andet.

Adam og Eva spiste af træet til kundskab om godt og ondt netop af denne årsag. Gud havde sagt: *"... for den dag du spiser af det, skal du dø!"* Men de vidste ikke fuldt ud, hvad det vil sige at dø (Første Mosebog 2:17). Vidste Gud ikke, at de ville spise af kundskabens træ? Jo, det gjorde han. Men han gav alligevel Adam og Eva den frie vilje til at vælge lydigheden. Her i ligger forsynet for den menneskelige kultivering.

Gud ville, at hele menneskeheden skulle opleve tårer, sorger, smerter, død osv. gennem den menneskelige kultivering, sådan at de senere ville kunne mærke, hvor værdifuld og dyrebar himlen virkelig var, og dermed ville være i stand til at opleve den sande lykke. Gud ville leve i kærlighed med menneskene til evig tid i himlen, som er langt smukkere end selv Edens have.

Efter Adam og Evas ulydighed overfor Guds ord, kunne de ikke længere leve i Edens have. Og da Adam mistede sin magt som herre over alle skabninger, blev også alle dyr og planter forbandet. Jorden havde tidligere haft overflod og skønhed, men blev nu forbandet. Så den begyndte at frembringe torne og tidsler, og menneskene kunne ikke høste noget uden at arbejde i deres ansigts sved.

Selv om Adam og Eva var ulydige overfor Gud, lavede han alligevel skindtøj til dem for at klæde dem på til at leve i et fuldkommen anderledes miljø (Første Mosebog 3:21). Guds hjerte må have smertet på samme måde, som når forældre sender deres børn bort i et stykke tid, for at de kan forberede sig på deres fremtid. Til trods for Guds kærlighed var menneskeheden historie knap nok begyndt, før mennesket var besudlet af synd, og de fjernede sig hastigt fra Gud.

I Romerbrevet 1:21-23 står der: *"For de kendte Gud, og alligevel ærede og takkede de ham ikke som Gud; men deres tanker endte i tomhed, og de blev formørket i deres uforstandige hjerte. De hævdede at være vise, men blev tåber, og de skiftede den uforgængelige Guds herlighed ud med billeder i skikkelse af forgængelige mennesker, fugle, firbenede dyr og krybdyr."*

Gud viste sit forsyn og sin kærlighed for denne syndefulde menneskehed gennem det udvalgte folk, israelitterne. Når de levede ved Guds ord, viste han dem forbløffende tegn og undere, og gav dem store velsignelser. Når de omvendt fjernede sig fra Gud, tilbad afguder og begik synder, sendte han mange profeter for at formidle sin kærlighed.

En af disse profeter var Hoseas, som virkede i den mørke tid efter at Israel var blevet opdelt i Israel i nord og Juda i syd.

En dag gav Gud Hoseas en særlig befaling med ordene: *"Gå hen og gift dig med en horkvinde og få horebørn"* (Hoseas' Bog 1:2). Det var helt utænkeligt for en gudelig profet at gifte sig med en horkvinde. Selv om han ikke helt forstod Guds intention, adlød han Guds ord og tog en kvinde ved navn Gomer til kone.

De fik tre børn, men Gomer fulgte sin lyst og tog hen til en anden mand. Ikke desto mindre sagde Gud til Hoseas, at han skulle elske sin kone (Hosea 3:1). Han opsøgte hende og købte hende tilbage for 15 sekel sølv og halvanden homer byg.

Hoseas' kærlighed til Gomer symboliserer Guds kærlighed til os. Og horkvinden Gomer symboliserer alle mennesker, som er besudlet af synd. Ligesom Hoseas tog en horkvinde til kone, elskede Gud os fra starten, selv om vi er besudlet af denne verdens synd.

Han viste os sin endeløse kærlighed i håb om, at alle ville omvende sig fra deres vej til døden og blive hans børn. Selv om de plejede omgang med verden og fjernede sig fra Gud, sagde han ikke: "Nu har I forladt mig, og så tager jeg jer ikke tilbage igen." Nej, han ønsker bare at alle skal komme tilbage, og han har samme ivrige hjerte som forældre, der venter på at deres bortløbne børn skal komme hjem igen.

Gud forberedte Jesus Kristus før tidens begyndelse

Lignelsen om den fortabte søn i Lukasevangeliet kapitel 15 beskriver tydeligt Gud Faders hjerte. Den yngste søn, som havde ført et velstående liv som barn, var ikke taknemmelig overfor sin far, og han forstod heller ikke værdien af det liv, han førte. En dag bad han om at få sin arv på forskud. Han var et typisk forkælet barn, som bad om sin arv, selv om faderen stadig levede.

Faderen kunne ikke stoppe sin søn, for sønnen forstod ikke forældrenes hjerter, og i sidste ende fik han arven. Han blev glad og tog på rejse. I dette øjeblik begyndte faderens lidelse. Han var bekymret for sønnen og tænkte: "Hvad nu hvis han kommer galt af sted? Hvad nu hvis han møder nogle onde mennesker?" Faderen kunne ikke engang sove, så bekymret var han for sønnen, og han betragtede horisonten for at se, om sønnen skulle komme tilbage.

Snart slap sønnens penge op, og folk begyndte at behandle ham dårligt. Han var i en frygtelig situation, og ønskede kun at spise sig mæt i de bønner, der blev givet til svinene, men ingen gav ham noget at spise. Så huskede han sin faders hus. Han tog hjem, men var så flov, at han gik med nedbøjet ansigt. Hans far løb ham dog i møde og kyssede ham. Faderen bebrejdede ham ikke noget, men var i stedet så lykkelig, at han gav ham det bedste tøj og dræbte en kalv for at holde fest for ham. Dette er Guds kærlighed.

Guds kærlighed er ikke forbeholdt særlige mennesker på særlige tidspunkter. I Første Timotheusbrev 2:4 står der: *"[Gud] vil at alle mennesker skal frelses og komme til erkendelse af sandheden."* Han holder porten til frelse åben til enhver tid, og når som helst en sjæl vender tilbage til Gud, byder han den velkommen med glæde og lykke.

Med denne kærlighed lader Gud os gå, men vejen til frelse er åben for alle. Det er derfor, Gud har givet os sin enbårne søn Jesus Kristus. Som der står i Hebræerbrevet 9:22: *"Ja, efter loven bliver næsten alt renset med blod, og der finder ingen tilgivelse sted, uden at der udgydes blod."* Jesus betalte med sit dyrebare blod og med sit liv den pris, som synderne skulle betale.

Første Johannesbrev 4:9 taler om Guds kærlighed som følger: *"Derved er Guds kærlighed blevet åbenbaret iblandt os: At Gud har sendt sin enbårne søn til verden, for at vi skal leve ved ham."* Gud lod Jesus udgyde sit dyrebare blod for at forløse menneskeheden fra deres synder. Jesus blev korsfæstet, men han overvandt døden og genopstod på tredjedagen, for han havde ingen synd. Gennem dette blev vejen til vores frelse åbnet. Det er ikke så let at give sin søn, som det måske lyder. Et koreansk ordsprog siger: "Forældrene føler ikke nogen smerte, selvom deres børn kommer ind i øjnene på dem rent fysisk." Mange forældre føler, at børnenes liv er vigtigere end deres egne.

Gud gav os derfor sin enbårne søn som tegn på sin fuldkomne kærlighed. Desuden har han beredt himmelriget til de mennesker, som han vinder tilbage gennem Jesu Kristi blod. Hvor er hans kærlighed stor! Og den ender endda ikke med dette.

Gud lader Helligånden føre os til himlen

Gud giver Helligånden i gave til dem, som tager imod Jesus Kristus og får deres synder tilgivet. Helligånden er Guds hjerte.

Siden Herrens himmelfart har Gud sendt hjælperen, Helligånden, ind i vores hjerter.

I Romerbrevet 8:26-27 står der: *"Og også Ånden kommer os til hjælp i vores skrøbelighed. For hvordan vi skal bede, og hvad vi skal bede om, ved vi ikke. Men Ånden selv går i forbøn for os med uudsigelige sukke, og han, der ransager hjerterne, ved, hvad Ånden vil, for den går i forbøn for de hellige efter Guds vilje."*

Når vi synder, leder Helligånden os til anger gennem dens suk, som er for dybtfølte til ord. Den giver tro til dem, hvis tro er svag. Til dem, som ikke har håb, giver den håb. Ligesom en moder forsigtigt trøster sine børn og passer dem, taler Helligånden til os, sådan at vi ikke vil komme til skade på nogen måde. Den lader os kende Guds hjerter og kærlighed, og fører os dermed til himmeriget.

Hvis vi for alvor forstår denne kærlighed, kan vi ikke lade være med at elske Gud. Og når vi elsker Gud af hjertets grund, giver han os sin store og forbløffende kærlighed igen, sådan at det nærmest overvælder os. Han giver os helbred, og han vil velsigne os, sådan at alt går godt for os. Det gør han, fordi det er loven i det åndelige rige, men hvad der er endnu vigtigere: Han velsigner os, fordi han vil, at vi skal mærke hans kærlighed gennem det, vi får af ham. *"Jeg elsker dem, der elsker mig, og de, der søger mig, finder mig"* (Ordsprogenes Bog 8:17).

Hvad følte du, første gang du mødte Gud og blev helbredt eller fik svar på forskellige problemer? Du må have følt, at Gud elsker selv syndere som os. Jeg tror, du har udbrudt af hjertets grund: "Kunne vi fylde oceanerne med blæk og var himlen lavet af pergamentpapir, så ville havene alligevel tørre ud, når vi skrev om Guds kærlighed." Jeg tror også, du blev overvældet af Guds kærlighed ved tanken om, at han giver os den evige himmel, hvor er ikke er nogen bekymringer, ingen sygdom, ingen adskillelse, og ingen død.

Vi elskede ikke Gud fra starten. Gud kom til os og rakte hånden ud mod os. Han elskede os ikke, fordi vi fortjente det. Han elskede os så meget, at han gav sin enbårne søn for os, selv om vi var syndere og vandrede mod døden. Han elskede alle mennesker, og han tog sig af os med større kærlighed end en moder, som aldrig vil glemme sit ammende barn (Esajas' Bog 49:15). Han venter på os, som om tusind år kun var en dag.

Guds kærlighed er sand, og forandrer sig ikke med tiden. Når vi senere kommer til himlen, vil vi blive målløse over at se de smukke kroner, det skinnende hvide linned og de himmelske huse, som er bygget med guld og dyrebare ædelsten, som Gud har beredt for os. Han giver os belønninger og gaver, selv under vores liv på jorden, og han venter ivrigt på den dag, hvor vi vil være hos ham i evig herlighed. Lad os mærke hans store kærlighed.

KAPITEL 2 — *Kristi kærlighed*

Kristi kærlighed

"...og vandre i kærlighed,
ligesom Kristus elskede os og gav sig selv hen
for os som en gave og et offer til Gud,
en liflig duft."
Efeserbrevet 5:2

Kærligheden har den store kraft, at den kan gøre det umulige muligt. Guds og Herrens kærlighed er særlig forbløffende. Den kan forandre magtesløse mennesker, der ikke er i stand til at gennemføre noget, til dygtige mennesker, der kan gøre hvad som helst. Når uuddannede fiskere, toldere – som på daværende tidspunkt blev anset for syndere, fattige, enker og de udstødte i verden møder Herren, forandres deres liv fuldkomment. Deres fattigdom og sygdomme forsvinder, og de mærker en sand kærlighed, som de aldrig før har oplevet. De har anset sig selv for værdiløse, men bliver født igen som herlige redskaber for Gud. Dette er kærlighedens kraft.

Jesus forsagede den himmelske herlighed for at komme til denne jord

I begyndelsen var Gud ordet, og ordet kom ned til denne jord i en menneskelig form som Jesus, Guds enbårne søn. Jesus kom til denne jord og frelste menneskeheden, som var bundet af synd, og som gik mod døden. Navnet "Jesus" betyder *"Den der vil frelse sit folk fra deres synder"* (Matthæusevangeliet 1:21).

Alle disse syndeplettede mennesker adskilte sig efterhånden ikke fra dyrene (Prædikerens Bog 3:18). Jesus blev født i en stald med dyr for at forløse mennesket, som havde forsaget det, de burde gøre, og opførte sig ligesom dyr. Han blev lagt i en krybbe, som var til dyrefoder, for at blive menneskets sande føde (Johannesevangeliet 6:51). Det skete for at lade mennesket genvinde Guds sande billede og få dem til at udføre deres fulde pligt.

I Matthæusevangeliet 8:20 står der: *"Ræve har huler, og*

himlens fugle har reder, men Menneskesønnen har ikke et sted at hvile sit hoved." Som skrevet havde han ikke noget sted at sove, og han måtte tilbringe natten på marken til trods for kulde og regn. Han havde ikke nogen mad, og var ofte sulten. Det skyldtes ikke, at han ikke var i stand til at skaffe mad. I stedet var det for at frelse os fra fattigdom. I Andet Korintherbrev 8:9 står der: *"Og I kender vor Herre Jesu Kristi nåde, at han for jeres skyld blev fattig, skønt han var rig, for at I kunne blive rige ved hans fattigdom."*

Jesus begyndte sit offentlige virke med det tegn at forvandle vand til vin ved en bryllupsfest i Kana. Han prædikede om Guds rige og udførte mange tegn og undere i området omkring Judæa og Galilæa. Mange spedalske blev helbredt, de lamme sprang op og gik, og de, som led under dæmonbesættelser, blev sat fri af mørkets kraft. Selv et menneske, som havde været død i fire dage, og som allerede var begyndt at lugte, gik ud af graven i levende live (Johannesevangeliet kapitel 11).

Jesus udrettede forbløffende ting under sit virke på jorden for at lade folk forstå Guds kærlighed. Desuden overholdt han loven fuldkommen og satte dermed et eksempel for os, fordi han var af samme oprindelse som Gud, og ordet selv. Selv om han overholdt loven, fordømte han ikke dem, som ikke gjorde det, og som blev dømt til døden. Han lærte bare folket om sandheden, sådan at så mange som muligt kunne angre og opnå frelsen.

Hvis Jesus havde vurderet alle strengt ud fra loven, var der ikke nogen, der ville være i stand til at blive frelst. Loven er Guds bud, som fortæller os, hvad vi skal gøre, undlade at gøre, skille os af med, og overholde. Der er for eksempel bud som: "Hold søgnedagen hellig; begær ikke din nabos husholdning; ær dine forældre; skil dig af med alle former for ondskab." Det ultimative mål for alle love er kærlighed. Hvis man overholder alle reglerne og lovene, vil man praktiserer kærligheden, i det mindste udadtil.

Men Gud vil ikke kun, at vi skal overholde loven med vores ydre handlinger. Han vil, at vi skal praktiserer den med kærlighed af hjertets grund. Jesus vidste, hvad det var, Gud ville, og han opfyldte loven med kærlighed. Et af de bedste eksempler på dette er kvinden, der blev taget i utroskab (Johannesevangeliet kapitel 8). En dag bragte farisæerne og de skriftkloge en kvinde hen til Jesus. Hun var blevet taget på fersk gerning i ægteskabsbrud, og de stillede hende nu frem for folkemængden og spurgte Jesus: *"I loven har Moses påbudt os at stene den slags kvinder; hvad siger du?"* (Johannesevangeliet 8:5).

De stillede dette spørgsmål for at få grund til at anklage Jesus. Men hvad mon kvinden følte i dette øjeblik? Hun må have skammet sig over at hendes synd var blevet afsløret foran så mange mennesker, og hun må også have skælvet af frygt, idet hun var tæt på at blive stenet til døde. Hvis Jesus sagde: "Sten hende" ville hendes liv ende kort efter ved at folk smed sten på hende.

Men Jesus sagde ikke, at de skulle straffe hende ifølge loven. I stedet bøjede han sig ned og begyndte at skrive på jorden med fingeren. Han skrev navnene på de synder, som de tilstedeværende mennesker havde til fælles. Efter at have gjort dette, rejste han sig og sagde: *"Den af jer, der er uden synd, skal kaste den første sten på hende"* (vers 7). Så bøjede han sig igen ned og skrev videre.

Denne gang skrev han synderne på hver enkelt person, som om han selv havde set dem, og han noterede, hvornår, hvor og hvordan de hver især var blevet begået. De, som havde samvittighedskvaler, forlod stedet en efter en. Til sidst var der kun Jesus og kvinden tilbage. I de følgende vers 10 og 11 står der: *"Jesus rettede sig op og sagde til hende: 'Kvinde, hvor blev de af, Var der ingen, der fordømte dig?' Hun svarede: 'Nej, Herre, ingen.' Så sagde Jesus: 'Heller ikke jeg fordømmer dig. Gå, og synd fra nu af ikke mere.'"*

Vidste kvinden ikke, at ægteskabsbrud ville blive straffet med stening? Jo, selvfølgelig vidste hun det. Hun kendte loven, men syndede, fordi hun ikke var i stand til at overvinde lysten. Nu ventede hun bare på at dø, for hendes synd var blevet afsløret, og hun må være blevet dybt berørt, at hun helt uventet oplevede Jesu tilgivelse. Så længe hun huskede på Jesu kærlighed, ville hun ikke være i stand til at synde igen.

Når Jesus med sin kærlighed tilgav den kvinde, som brød loven, betyder det så, at loven træder ud af kraft, hvis vi elsker Gud og vores næste? Nej, det gør det ikke. Jesus sagde: *"Tro ikke, jeg er kommet for at nedbryde loven eller profeterne. Jeg er ikke kommet for at nedbryde, men for at opfylde"* (Matthæusevangeliet 5:17).

Vi kan praktisere Guds vilje fuldt og helt, fordi vi har loven. Hvis nogen bare siger, at han elsker Gud, så kan vi ikke måle hvor dyb og bred denne kærlighed er. Men vi kan undersøge hans mål af kærlighed gennem loven. Hvis han virkelig elsker Gud af hele sit hjerte, vil han helt sikkert overholde loven. For sådan et menneske vil det være vanskeligt ikke at overholde loven. I den udstrækning, han overholder loven, vil han desuden få Guds kærlighed og velsignelser.

De lovkyndige på Jesu tid var dog ikke interesserede i Guds kærlighed som en del af loven. De fokuserede ikke på at helliggøre deres hjerter, man kun på at overholde formaliteterne. De var tilfredse med at overholde loven udadtil, og endda stolte af det. De troede selv, at de overholdt loven, og dermed var de hurtige til at dømme og fordømme dem, som brød den. Da Jesus forklarede dem den sande betydning af loven og belærte dem om Guds hjerte, sagde de, at han tog fejl og var besat af en dæmon.

Farisæerne havde ingen kærlighed, og det havde derfor ikke nogen gavnlig indflydelse på deres sjæl, at de overholdt loven (Første Korintherbrev 13:1-3). De skilte sig ikke af med ondskaben i hjertet, men dømte og fordømte andre, hvorved de fjernede sig fra Gud. I sidste ende begik de den uigenkaldelige synd at korsfæste Guds søn.

Jesus fuldførte korsets forsyn med lydighed til døden

Hen mod slutningen af det tre år lange virke, lige før lidelserne begyndte, tog Jesus ud til Olivenbjerget. Natten blev mørkere, og Jesus bad oprigtigt, idet han stod overfor sin korsfæstelse. Hans bøn var et råb om at frelse sjælene gennem hans blod, der var fuldkommen uskyldigt. Det var en bøn om kraft til at overkomme lidelserne på korset. Han bad indtrængende, og hans sved blev som bloddråber, der faldt på jorden (Lukasevangeliet 22:42-44).

Samme nat blev Jesus taget til fange af soldaterne, og blev bragt fra sted til sted for at blive forhørt. Til sidst blev han dømt til døden af Pilatus. De romerske soldater satte en tornekrone på hans hoved, spyttede på ham og slog ham, før de tog ham hen til stedet, hvor han skulle henrettes (Matthæusevangeliet 27:28-31).

Hans krop var dækket af blod. Han blev hånet og pisket, og han måtte selv bære sit trækors op til Golgata. En stor menneskemængde fulgte efter ham. De havde tidligere budt ham velkommen og råbt: "Hosianna" til ham, men nu råbte de: "Korsfæst ham!" Jesu ansigt var dækket af blod, og han var helt uigenkendelig. Han var udmattet på grund af smerterne fra torturen, og det var ekstremt vanskeligt for ham at fortsætte fremad.

Da han nåede til Golgata, blev han korsfæstet for at forløse os fra vores synder. Han blev hængt op på et trækors og udgød sit blod for at forløse os, som var forbandet ifølge loven som siger, at syndens løn er død (Romerbrevet 6:23). Han tilgav os de synder, som vi begår i vores tanker via den tornekrone, han bar. Og han blev sømmet fast til korset gennem hænder og fødder for at tilgive os de synder, vi begår med hænder og fødder.

De tåbelige mennesker, som ikke var klar over dette, hånede Jesus, som hang på korset, og gjorde nar af ham (Lukasevangeliet 23:35-37). Men selv i denne ulidelige smerte bad Jesus for, at de mennesker, som korsfæstede ham, skulle blive tilgivet, som optegnet i Lukasevangeliet 23:34: *"Fader, tilgiv dem, for de ved ikke, hvad de gør."*

Korsfæstelse er en af de mest ondskabsfulde henrettelsesmetoder. Den dømte må lide under smerterne i forholdsvis længere tid end ved andre afstraffelsesmetoder. Der hamres søm gennem hænder og fødder, så kødet rives i stykker. Der opstår alvorlig vandmangel og forstyrrelser i blodcirkulationen. Dette får lidt efter lidt de indre organer til at holde op med at fungere. Den, der bliver henrettet, må også finde sig i smerterne fra de insekter, der kommer, fordi de lugter blodet.

Hvad mon Jesus tænkte over, mens han hang på korset? Han tænkte ikke på den ulidelige fysiske smerte. I stedet tænkte han over, hvorfor Gud havde skabt mennesket, betydningen af den menneskelige kultivering på jorden, og grunden til at han måtte ofre sig som soning for menneskehedens synder, og han bad i taknemmelighed af hjertets grund.

Da Jesus havde lidt i seks timer på korset, sagde han: *"Jeg tørster"* (Johannesevangeliet 19:28). Der var tale om en åndelig tørst, som er tørsten efter at vinde sjælene, der går mod døden. Med tanke på de utallige sjæle, som ville leve på jorden i fremtiden, bad han os overlevere budskabet fra korset og frelse sjælene.

Endelig sagde Jesus: *"Det er fuldbragt"* (Johannesevangeliet 19:30), og så udåndede han med ordene: *"Fader, i dine hænder betror jeg min ånd"* (Lukasevangeliet 23:46). Han betroede sin ånd til Gud, for han havde afsluttet sin pligt, hvilen var at åbne vejen til frelse for hele menneskeheden ved selv at blive sonoffer. I dette øjeblik blev den største kærlighed fuldbragt.

Siden da er den mur af synd, som skiller os fra Gud, blevet revet ned, og vi er blevet i stand til at kommunikere direkte med Gud. Før da måtte ypperstepræsterne bringe ofre på folkets vegne for at opnå deres tilgivelse, men sådan er det ikke længere. Alle, som tror på Jesus Kristus, kan komme ind i Guds hellige rum og tilbede Gud direkte.

Jesus bereder de himmelske boliger med kærlighed

Før Jesus tog korset, fortalte han sine disciple om det, der ville komme. Han fortalte dem, at han ville være nødt til at tage korset for at fuldføre Gud Faders forsyn, men disciplene var alligevel bekymrede. Så han forklarede dem om de himmelske boliger for at trøste dem.

I Johannesevangeliet 14:1-3 står der: *"Jeres hjerter må ikke forfærdes! Tro på Gud, og tro på mig! I min faders hus er der mange boliger; hvis ikke, ville jeg så have sagt, at jeg går bort for at gøre en plads rede for jer? Og når jeg er gået bort og har gjort en plads rede for jer, kommer jeg igen og tager jer til mig, for at også I skal være, hvor jeg er."* Rent faktisk overvandt han døden og genopstod, og han steg op til himlen for øjnene af mange mennesker. Det skete for at han kunne gøre de himmelske boliger rede til os. Så hvad betyder det at gøre en plads rede?

I Første Johannesbrev 2:2 står der: *"Han er et sonoffer for vore synder, og ikke kun for vore, men for hele verdens synder."* Det betyder som skrevet, at alle kan opnå himlen med tro, for Jesus har ødelagt den mur af synd, som skiller os fra Gud.

Jesus sagde også: "I min faders hus er der mange boliger", og det fortæller os, at han vil, at alle skal opnå frelsen. Han sagde ikke, at der var mange boliger i himlen, men "i min faders hus", fordi vi kan kalde Gud for "Fader", gennem hans dyrebare blods gerning.

Herren går uophørligt i forbøn for os. Han beder oprigtigt foran Guds trone uden at spise eller drikke (Matthæusevangeliet 26:29). Han beder for, at vi skal være i stand til at vinde sejren i den menneskelige kultivering på denne jord og åbenbare Guds herlighed ved at få vores sjæle til at trives.

Når dommen fra den store hvide trone finder sted efter at den menneskelige kultivering er overstået, vil han stadig være med os.

Alle vil få en dom uden den mindste fejl, og dommen vil stemme overens med, hvad vi har gjort. Men Herren vil tale for Guds børn og bønfalde med ordene: "Jeg vaskede deres synder bort med mit blod", sådan at de kan få det bedst mulige bosted og de bedste belønninger i himlen. Da han kom ned til denne jord og selv oplevede alt, hvad menneskene må gennemgå, vil han tale menneskenes sag. Hvordan kan vi til fulde forstå Kristi kærlighed?

Gud lader os kende kærligheden gennem hans enbårne søn Jesus Kristus. Denne kærlighed er den, hvormed Jesus døde for os uden at spare sit dyrebare blod. Det er en ubetinget og uforanderlig kærlighed, hvormed han vil tilgive syv x syv gange. Hvem kan adskille os fra denne kærlighed?

I Romerbrevet 8:38-39 siger apostelen Paulus: *"For jeg er vis på, at hverken død eller liv eller engle eller magter eller noget nuværende eller noget kommende eller kræfter eller noget i det høje eller i det dybe eller nogen anden skabning kan skille os fra Guds kærlighed i Kristus Jesus, vor Herre."*

Apostelen Paulus forstod Guds kærlighed og Kristi kærlighed, og han helligede sig i fuldkommen lydighed mod Guds vilje til livet som apostel. Desuden sparede han ikke engang sit liv i forsøget på at forkynde for ikke-jøderne. Han praktiserede Guds kærlighed og førte utallige sjæle ind på vejen til frelse.

Selv om Paulus blev kaldt "leder for nazaræernes parti", helligede han hele sit liv til at prædike. Han udbredte Guds og Herrens kærlighed, som er dybere og større end noget mål, til hele verden. Jeg beder i Herrens navn, om at I vil blive Guds sande børn, som opfylder loven med kærlighed og lever i kærlighed med Gud og Kristus i den smukkeste bolig i himlen, Ny Jerusalem, til evig tid.

Forfatteren:
Dr. Jaerock Lee

Dr. Jaerock Lee blev født i Muan, Jeonnam provinsen, i den koreanske republik i 1943. Da han var i tyverne, led han af en række uhelbredelige sygdomme syv år i træk, og ventede på døden uden håb om bedring. Men en dag i foråret 1974 tog hans søster ham med i kirke, og da han knælede for at bede, helbredte den Levende Gud straks alle hans sygdomme.

Fra det øjeblik hvor Dr. Lee mødte den Levende Gud gennem denne vidunderlige oplevelse, elskede han Gud oprigtigt af hele sit hjerte, og i 1978 blev han kaldet som Guds tjener. Han bad indtrængende om klart at forstå og opfylde Guds vilje, og adlød alle Guds bud. I 1982 grundlagde han Manmin Centralkirke i Seoul, Korea, og siden da har utallige af Guds gerninger fundet sted i denne kirke, inklusiv mirakuløse helbredelser og undere.

I 1986 blev Dr. Lee ordineret som pastor ved den årlige forsamling for Jesu Sungkyul kirke i Korea, og fire år senere i 1990 begyndte hans prædikener at blive udsendt til Australien, Rusland, Filippinerne og mange andre steder gennem det Fjernøstlige Udsendelsesselskab, Asiatisk Udsendelsesstation og Washington Kristne Radio.

Tre år senere i 1993 blev Manmin Centralkirke placeret på Top 50 for kirker over hele verden af magasinet *Christian World* i USA, og Dr. Lee modtog et æresdoktorat i guddommelighed fra Fakulteter for Kristen Tro i Florida, USA, og i 1996 en Ph.D i præsteembede fra Kingsway Teologiske Seminar, Iowa, USA.

Siden 1993 har Dr. Lee været en førende person i verdensmissionen gennem mange oversøiske kampagner i Tanzania, Argentina, Los Angeles, Baltimore City, Hawaii, New York City, Uganda, Japan, Pakistan, Kenya, Filippinerne, Honduras, Indien, Rusland, Tyskland, Peru, Congo, Israel og Estland.

I 2002 blev han anerkend som en "verdensomspændende pastor" af en større kristen avis i Korea på grund af hans kraftfulde virke under mange oversøiske kampagner. Hans kampagne i New York 2006, som blev afholdt i Madison Square Garden, verdens mest berømte arena, skal særligt fremhæves. Dette arrangement blev udsendt til 220 forskellige lande. Desuden afholdt han en Fælles Kampagne i Israel i 2009 på det Internationale Kongrescenter (ICC) i Jerusalem, hvor han frimodigt forkyndte at Jesus Kristus er Messias og Frelser.

Hans prædikener bliver udsendt til 176 lande via satellitter, deriblandt GCN TV, og han er komme med på listen over de "10 mest indflydelsesrige kristne ledere" i 2009 og 2010 af det populære kristne russiske blad I sejr og nyhedsbureauet Christian Telegraph for hans kraftfulde virke over TV og som pastor for kirken i udlandet.

Siden Januar 2018 har Manmin Centralkirke været en menighed med mere end 130.000 medlemmer. Der er 11.000 inden og udenrigs søsterkirker over hele kloden, og der er indtil videre udsendt mere end 98 missionærer til 26 lande, inklusiv USA, Rusland, Tyskland, Canada, Japan, Kina, Frankrig, Indien, Kenya og mange flere.

Indtil nu har Dr. Lee skrevet 110 bøger, blandt andet bestsellerne *En Smagsprøve på Det Evige Liv før Døden; Mit Liv, Min Tro (I) & (II); Budskabet fra Korset; Målet af Tro; Himlen I & II; Helvede* og *Guds Kraft* og hans værker er blevet oversat til mere end 76 sprog.

Hans kristne artikler er udsendt i *Hankook Ilbo, JoongAng Daily, Dong-A Ilbo, Chosun Ilbo, Seoul Shinmun, Kyunghyang Shinmun, The Korea Economic Daily, The Korea Herald, Shisa News* og *The Christian Press.*

Dr. Lee er for øjeblikket leder af mange missionsorganisationer og foreninger, blandt andet bestyrelsesformand for Korea Forenede Hellighedskirke, Præsident for Manmin verdensmission, Grundlægger og bestyrelsesformand for det Globale Kristne Netværk (GCN), Grundlægger og Bestyrelsesformand for Verdensnetværket af Kristne Læger (WCDN) og Grundlægger og Bestyrelsesformand for Manmin Internationale Seminar (MIS).

Andre stærke bøger af samme forfatter

Himlen I & II

En detaljeret skitse af det prægtige liv som de himmelske borgere vil nyde, og en beskrivelse af forskellige niveauer af himmelske riger.

Budskabet fra Korset

En stærk vækkelsesbesked til alle menneske, som sover i spirituel forstand. I denne bog vil du se årsagen til, at Jesus er den eneste Frelser, og fornemme Guds sande kærlighed.

Helvede

En indtrængende besked til hele menneskeheden fra Gud, som ikke ønsker at en eneste sjæl skal falde i helvedes dyb! Du vil opdage en redegørelse, som aldrig før er blevet offentliggjort, over de barske realiteter i Hades og helvede.

Ånd, Sjæl og Krop I & II

Gennem en åndelig forståelse af ånd, sjæl og krop, som er menneskets komponenter, kan læserne få indblik i deres "selv" og opnå indsigt i selve livet. Denne bog viser læserne genvejen til at deltage i den guddommelige natur og få alle de velsignelser, som Gud har lovet.

Målet af Tro

Hvilken slags himmelsk bolig og hvilken slags krans og belønninger er blevet gjort klar i himlen? Denne bog giver visdom og vejledning til at måle sin tro, og kultivere den bedste og mest modne tro.

Vågn op, Israel

Hvorfor har Gud holdt øje med Israel fra verdens begyndelse indtil nu? Hvad er hans forsyn for de sidste dage for Israel, som venter på Messias?

Mit Liv, Min Tro I & II

En velduftende spirituel aroma, som er et ekstrakt af den uforlignelige kærlighed til Gud, som blomstrede op midt i mørke bølger, under det tungeste åg og i den dybeste fortvivlelse.

Guds Kraft

En essentiel vejledning, hvorved man kan opnå sand tro og opleve Guds forunderlige kraft. En bog, som må læses.

www.urimbooks.com

www.ingramcontent.com/pod-product-compliance
Lightning Source LLC
LaVergne TN
LVHW041807060526
838201LV00046B/1157

9791126305476